Stéphanie Rigaud de Gaytan

DOS FRAGMENTOS DE

UNA MISMA PIEDRA

Fabricación: Books on Demand GmbH, Norderstedt, Alemania

Editor: Books on Demand GmbH, París, Francia

Depósito legal: Mayo 2009

ISBN-13: 9782810603770

Al compañero de mi vida,

"¿Sabes? ¡Tu historia merece ser escrita! Es un excelente guión, un cuento de hadas de los tiempos modernos."

¿Mi vida, una novela? ¡Difícil de creer! Nunca me gustó ponerme en evidencia. Buscar que los demás se sientan orgullosos de mí, eso sí me agrada, lo confieso. Tal vez, ese lado artista que sólo se ve a través de la mirada del espectador, sí se parece más a mí. Las luces, el pedestal, la vanagloria no me atraen nada, siempre me han asustado el resplandor de los reflectores, por placenteros que sean. Hay que seguir el camino paso a paso sin escuchar las opiniones negativas de las amistades casuales que se dicen amigos.

Empezó de esta manera o, tal vez de otra, ya que con el paso de los años los recuerdos se marchitan, se disuelven pero ciertos estados de ánimo, algunas palabras sí perduran y dejan huella. Mientras nuestro cuerpo sirve de pantalla a nuestros sufrimientos y caídas anteriores, a su vez nuestra mente absorbe, enjuga y graba en nuestra memoria las vivencias.

*

Soy una güerita de catorce años, ojos verdes lindamente escondidos detrás de unos lentes que -al ver mis fotos de la escuela- me dejan ver en un estado cercano al desazón y el

7

desconcierto. Voy a describir esas maravillas año tras año diferentes... discretas, sobrias, no llamativas es decir con rayas tipo cebra o leopardo; dichos adornos simplemente pegados sobre un tosco armazón de plástico, que, visto de perfil, deja ver unos vidrios gruesos impresionantes, cariñosamente llamados "fondos de botella", singularidad de los miopes, que te dan una mirada de rata.

A ese dulce retrato se sumaban todas las gracias ligadas a la adolescencia y a ese período mágico de la pubertad. Mi cara semejante a un lienzo libremente inspirado del *dripping* del pintor Jackson Pollock, técnica que consiste en perforar pequeños agujeros en un balde y dejar escurrir el contenido al azar en el lienzo.

Entonces ahora imagínese mi rostro-lienzo y una pintura-espinillas que se hubiera divertido salpicando mi cara con manchitas de colores. En mi caso la inspiración del artista se dedicó a áreas queridas tales como la frente, la nariz y también la barbilla.

Pero no quiero espantarlo tanto como para que no quiera seguir su lectura. No me tiraban piedras en la calle, tampoco se mofaban de mí sin medida. Es preciso aclarar que esa técnica de *dripping* era muy difundida entre muchos de mis compañeros de la época, de las épocas pasadas y de las por venir.

*

Y fuera de eso... la escuela, tan importante.

8

Me percibo todavía frente a esas caras conocidas o apenas conocidas, preguntándome casi babeando: "¿Cómo van los estudios?", "¿Cómo vas en la escuela?" "¿Tiene buenas calificaciones la niña?", preguntas que parecían quemar los labios de todos más o menos cercanos.

"Pues, sí, señoras y señores, salvo una tirria por las matemáticas, todo súper". Tirria por las matemáticas, permíteme volver con el tema, tirria -¡qué rico volver a repetir esa palabra!- que largas horas frente a páginas ennegrecidas con ecuaciones y problemas de todos tipos no lograron refrenar. De por sí el término "problema" está muy bien escogido, ¿no es cierto? La palabra es acertada, un problema, bueno teóricamente quien dice problema dice solución, como lo dice el dicho, normalmente...

Mi papá siempre me dijo "en las matemáticas, la solución está en la pregunta, basta con leer, todo está ahí". Bloqueo o no, mi cabeza nunca encontró o entendió el lado lúdico de la materia.

No me disgustaban todas las materias científicas, por el contrario. Prefería la física, la biología, gracias a las cuales pasaba horas dibujando, investigando sobre un molusco casi desconocido pero para mí, ratón de biblioteca, encerraba riquezas insospechadas.

Me acuerdo de un capullo de insecto que mi abuelo Daniel había encontrado en su jardín, lo cuidé muchísimo, haciendo con esmero bosquejos, fotos y gráficos.

Siempre fui más literata que científica, apasionada por la lectura, dejándome seducir por un relato, evadiéndome, siendo un día caballero, otro un pillo, un trovador, superando o descubriendo nuestros miedos y nuestros límites.

*

Hablando de límites, algo que puede parecer insuperable es un idioma extranjero. ¿Quién no se ha sentido nunca abochornado al querer pedir alguna dirección en otro país? Tartamudeando, confundido y sonrojado, unas palabras que algunos viejísimos recuerdos dejaban venir a la mente.

En la secundaria, al momento de escoger un segundo idioma extranjero además del inglés, no dudé, sería el español. Quizás por los orígenes españoles del lado de mi abuela materna, Thérèse, de apellido Cordero, ¡los genes, no lo dudo, pueden reaparecer cuando menos se espera!

Además el español tiene un no sé qué especial, es un idioma modulado, suave al oído, armonioso. No quiero echarme de enemigos a todos los germanófilos que me podrían leer, pero para mí, juicio tan subjetivo como muy anclado en mi mente, el alemán es un idioma áspero, frío, rugoso. "Disculpe usted, germanófilo, me flagelaré, por haber expresado mi profundo pensamiento."

En mis tiempos, para llevar alemán la selección era implacable: sólo los mejores alumnos estudiaban alemán. Probablemente porque desde entonces no me gustaba que me impusieran algo sin poder reflexionar por mí misma y como primera rebelión, algo matizada sin embargo, opté por el español.

Desde las primeras clases, fue un real encanto y el aprendizaje del idioma me cautivó.

*

Fue este mismo año que nuestro profesor nos distribuyó un folleto de un organismo finlandés. Los que deseaban, por 10 francos -¡cómo pasa el tiempo!- tenían que llenar un formulario indicando el país, el sexo y la edad de un futuro correspondiente.

Después de unas semanas, íbamos a recibir por correo, los datos del (de la) feliz elegido (a) a quien sólo teníamos que mandar un primer correo para presentarnos. A partir de ese momento mi vida de adolescente tomó otra dimensión, tal vez parezca desproporcionado, lo reconozco, sin embargo es cierto mi vida tomó una dimensión internacional.

Se me abría el mundo, a mis catorce años y pico.

*

Mi selección era entre varios países. Opté por Inglaterra para perfeccionar mi inglés. ¡Cómo busqué!

La aventura empezó con una inglesa de mi edad. Helen, la típica inglesa tal como se la imagina uno: pelirroja, alta, delgada, de colegio privado, con uniforme y con un accesorio adicional, un aparato dental. Aparato que hacía mancuerna con la *dripping girl* que yo era. Cada una llevaba su fardo. Para mí, mis dientes, herencia de la dentadura perfecta de mi mamá estaban bastante bien.

No le voy a mentir, no es mi plan, haciéndole creer que mi inglés mejoró mucho. En realidad al mismo tiempo, Helen había iniciado clases de francés y fue para ella la gran oportunidad para poner en práctica sus conocimientos. Era una delicia recibir sus cartas perfectamente bien redactadas, nos divertíamos mucho mis papás y yo porque seguido invertía los artículos masculinos y femeninos.

Conforme nos escribíamos, nuestras cartas se alegraban con recortes de catálogos, fotos de grupos musicales de moda en Francia y del otro lado de la Mancha, de posters de modelos buenísimos de entonces, de monedas, de tarjetas postales, temas estudiados en la escuela y cuantas otras cosas.

Así fue durante dos años al ritmo constante de una carta cada quince días y con tarjetas postales durante las vacaciones escolares.

*

Por otra parte ya que tenía que practicar más mi inglés, con unos meses de intervalos empecé a buscar un nuevo correspondiente.

Pero como la pequeña rubia que era yo empezaba a interesarse por los gnomos masculinos de su salón -esos payasos- menos ridículos y grotescos que antes... ¡Malvadas hormonas! Esta vez, escogí a un correspondiente.

A propósito de mi nuevo amigo, vayan a saber porqué en mi mente torcida, puse la mira en Grecia, en la persona de Kostas cuyo pasatiempo consistía en jugar en el equipo junior del Panathinaikos; los aficionados al fútbol dirán "¡wow!", claro, ¡tenía buenos conectes!

Era un año mayor que yo, ¿y por qué no?

Las cartas de Kostas eran más cortas, menos ilustradas y menos frecuentes que las de Helen pero mi alegría por recibirlas no disminuía.

Descubrir quién era él, a sus hermanos y hermanas, su cultura, los platillos típicos, los ritos, las tradiciones. También intercambiamos sentimientos o resentimientos que experimentábamos a veces hacia nuestros profesores, nuestros familiares o nuestros amigos.

*

En la misma época me picaban las ganas de practicar mi español fuera del salón, al optar por dos nuevos países, esta vez hispanoparlantes, iba a satisfacer mis ansias por descubrir culturas latinas.

Los elegidos fueron Perú y México. Por un lado con una muchacha llamada Rosa María que llamé luego por su apodo, Romy, y que tenía la misma edad que yo, catorce y medio -los adolescentes adoran los "medios"...- Pensar que años después, por coquetería, tres meses antes de cumplir mis veintinueve años, todavía contesto: "Tengo veintiocho", ¡cómo cambian los tiempos!

Romy, morenita, guapa, con el cabello muy largo y reflejos azulados por su color muy intenso, una piel morena, unos ojos negro ébano, una auténtica belleza natural.

13

Por el otro lado, mi nuevo amigo Arturo, un año mayor; me doy cuenta que siempre escogía los muchachos con un año más que yo, sin duda por su experiencia de la vida y su madurez.

Kostas tuvo un accidente de moto, por lo que paulatinamente dejó de escribir. Sin embargo seguimos intercambiando cartas un cierto tiempo. Dictaba a su hermana las misivas y gentilmente ella las transcribía. Supe con su última carta que tenía una joven amiguita griega a quien no le gustaba nuestra amistad, aún cuando no había nada sentimental o romántico entre nosotros. Pero así terminó nuestra correspondencia.

Conservo un buen souvenir de esa relación y como recuerdo de nuestros intercambios, un regalo muy bonito, una pulsera de cuero con una monedita perforada en su centro, adornada con una turquesa. En esos tiempos, me gustaba mucho ponérmela.

*

Frente a esos acontecimientos, di la vuelta hacia el otro lado del océano mandando simultáneamente una primera carta a América del Norte y América Latina.

Como escribir en un idioma extranjero en el que uno es principiante, exige, claro, grandes esfuerzos ¡tengo que confesar con vergüenza que frecuentemente escribía lo mismo a mis dos amigos! Después de todo, los acontecimientos que les contaba eran los mismos ¿cuáles acontecimientos? Sucesos totalmente fuera de lo común que podían pasar en mi trepidante vida de adolescente. Lo chistoso es que mis interlocutores habían nacido con un día de intervalo, razón por la cual juntaba también mis envíos para sus cumpleaños: ella es del 26, él del 27 de mayo.

Después de cada envío esperaba con ansiedad su respuesta que tardaba por la lentitud de los servicios postales, alrededor de un mes ya que ellos como yo no perdíamos tiempo al contestar. Es que encontrar una carta, una postal o un paquete era un momento único, una gran euforia. Los envíos de Romy eran fabulosos, únicos. Envolvía sus cartas, fotos, folletos en algo como lino que cosía cuidadosamente. Finalmente parecía un edredón abultado y sin forma. ¡Imagínese mi alegría al abrir el buzón y encontrar ese misterioso paquete!

El sentido del tacto tuve siempre un valor peculiar, palpar la carta, reconocer la clase de papel, el gramaje, la suavidad o la rugosidad de la hoja. Desdoblar la carta, volver a doblarla, guardarla, volver a sacarla... y después otros sentidos aseguran el relevo: ver dibujarse frente a nosotros una escritura redonda, pequeña, esquinada o bien apretada, examinar si la página viene con adornos, dibujos, stickers o poemas.

*

En esos entonces, me hacía muchas preguntas sobre mis correspondientes.

¿Cómo era la vida en Perú?

Romy ¿vives en un tipo de choza hecha con vegetales?

¿Tu ropa tiene muchos colores?

¿Las llamas son tus mascotas?

¿El sol quema tus cachetes como los de las tribus andinas?

Sabes, Romy, aquí los chiquillos franceses adornan un pino para la Navidad, con guirnaldas y esferas de todos colores. Pegan calcomanías de Santa Claus y muñecos de nieve en las ventanas. Santa Claus (los papás... no digas nada) ponen regalos al pie del árbol la noche del 24 al 25 de diciembre cuando los niños están dormidos.

*

¿Cómo, Romy?

¿Tu mascota es un gato? ¿Entonces no es una llama de compañía?.... ¡Oh! Te vistes igual que yo, playera y mezclilla. Tienes una casa que se parece a la mía. Tú también festejas la Navidad y tengo que decir que la foto que me mandaste de tu árbol no le pide nada al nuestro. El tuyo es igual de bello y majestuoso al nuestro con sus moños rojos y dorados.

Hay muchas cosas que hacen que seamos diferentes y eso me gusta mucho.

Los niños peruanos así como los niños mexicanos, españoles y de muchos otros países hispanoparlantes tienen dos navidades. La primera como la nuestra y la segunda con la llegada de los Reyes Magos: Melchor, Gaspar y Baltasar. Antes del 6 de enero, los niños escriben una carta pidiendo lo que quieren, la envuelven cuidadosamente y la amarran con un listón a un globo que, vía aérea, la llevará a los Reyes Magos.

Después de haber vislumbrado mis primeros descubrimientos en el país del Machu-Pichu, gracias a mi amistad naciente con Romy, he aquí las preguntas que todavía podía engendrar mi cabeza.

*

¿Vivía también Arturo con traje tradicional?
¿Andaba todo el día con un gran sombrero en la cabeza y una guitarra en el hombro?
¿Dormía al pie de un nopal?

Tantas ideas preconcebidas que hacen creer al extranjero poco curioso que el francés siempre lleva la famosa boina, se pasea llevando un litro de vino en una mano, una baguette y un queso camembert en la otra.

¿Cómo es tu vida, allá, del otro lado del océano? cuéntamelo Arturo.

Pues no, Arturo no es un mariachi, esos músicos y cantantes eméritos, apretados en sus pantalones negros pegados, bordados con hilo dorado, tampoco es un delincuente, un bandido que te desvalija a la vuelta de la calle, alzando una pistola, sin máscara, sereno, para sacar unas pocas monedas, y hoy día, claro, tu celular. Eso parece sacado de una película, pero en México eso pertenece también a la vida diaria.

17

No, nada de eso, un muchacho de quince años, apasionado del surf, que me había mandado una foto con María de la Luz, llamada Marilú, su hermana mayor. Tiene también otra hermana, Elizabeth a quien le dicen Liz, seis años menor que él.

Se ve mesurado y desde años anteriores tiene ya muchas responsabilidades que la mayoría de mis paisanos llenos de granos no podrían ni imaginar. Él, saliendo de la escuela, sigue con sus tareas y ayuda a su tío en el restaurante.

Siendo su meta, ingresar en algunos años a una de las más brillantes escuelas de México y una de las más selectivas, la UNAM.

Muchas dudas y pruebas marcaron nuestros años de intercambios, pero raramente un mexicano se deja desanimar, la virgen de Guadalupe, madre protectora los vigila, acompaña y guía. En México se vive la religión en lo cotidiano, fortalece, trae esperanza y permite vislumbrar una mañana más clemente.

*

En esa época, Romy tenía dos primitas de la misma edad que mi prima Aurélie y mi primo Valentin, era una delicia intercambiar ideas con ella sobre ese tema, mandar fotos de nuestros respectivos primos/primas. Verlos crecer sin percatarnos de nuestros propios cambios. Ya íbamos a terminar la secundaria y pronto alcanzaríamos a los "grandes" de la prepa.

Esa etapa marcó para mí una nueva autonomía que se volvió un bólido gris-metalizado, máquina que, desbocada, alcanzaba los 60km/h...

Fue un cambio real en mi pequeña vida, saboreé esa nueva libertad y la entrada a una preparatoria con tres mil alumnos. Luego me gustó ese anonimato; claro, había siempre aquí y allá algunas caras conocidas pero aisladas entre la infinidad de las nuevas.

*

Afortunadamente, el orgulloso clan de la secundaria compuesto por Marie y Céline estaba en el mismo salón que yo, sección literaria con opción artes plásticas. ¡Qué evasión ese año, cuántos descubrimientos, cuántos experimentos!

Artes plásticas: triturar la materia, pegar, quemar, modelar todo lo que pasaba entre nuestras manos. Duchamp, artista famoso que dejó grandes huellas en la historia del arte, entre otras un urinario en el centro de un salón de exposición, estampando su firma y declarando que "*Todo es arte*", nos inspiró mucho.

Esas palabras no cayeron en saco roto, me dediqué luego a ponerlas en práctica. Entonces el aprendiz "bruja-artista" empezó a cubrir sus lienzos de Axion cremoso, corrector blanco y otra pintura líquida o viscosa. Pero ahí no acababa el trabajo, el embrión de piromaniaca iba a ponerle fuego a la obra para que tomara así sentido, que se revelara.

Las emanaciones tóxicas de las mezclas, las explosiones que se hubieran podido originar al mezclar todos esos solventes, nunca me pasó por la mente. ¡Qué rico era ver la materia tomar vida!, cambiar de forma, de textura, volverse burbuja, resquebrajarse, inflarse, rajarse, bruñir, animarse frente de mí.

¡Cómo gocé al atravesar esa época de mi vida sin ninguna obligación, cuando sólo me dejaba llevar por mi imaginación! Era también una posibilidad para deshogarse, a lo largo de esos tres años, un vertedero del estrés surgido al revisar las páginas de historia, todas esas fechas que había que engullir. En resumen, una vida muy estudiosa con mis cómplices, hirviendo de ideas, con las neuronas crepitando, donde: "¡Todo es posible!".

Estábamos comprometidas, listas para el combate de salvar al planeta, los árboles, ayudar nuestro prójimo, ser guardianes de huelga o más aún, sentarnos a media calle principal de nuestra ciudad para defender nuestros derechos agraviados.

Es en esa época que la filosofía surgió en mi vida, no por haber madurado de repente o por haber tomado aires de sabio chino que no se deja influenciar por el materialismo de nuestras vidas modernas, no, nada de eso.

Sólo me inicié en el estudio de la filosofía, esa materia insufrible, inútil para algunos que se volvió nuestra fuente de entendimiento. Nada abstracto en esos textos, al contrario, sólo enseñanzas, pistas que nos podían ayudar en el día a día, temas importantes tales como la relación con el otro, el amor, el deseo, la lealtad, la envidia, la amistad, la propiedad, las apariencias, etc.

Sin querer parecer rimbombante, creo que esa materia me modeló, me puso a reflexionar, interrogarme sobre mí misma, sobre los otros y sobre la imagen que los demás tenían de mí... Nuestro profesor de entonces tuvo mucho que ver con nuestro interés por la materia.

*

En ese momento de elección de estudios superiores, varias posibilidades me llamaban la atención: idiomas, letras y artes. Esa última que compaginaba con una de mis más grandes pasiones, fue la más fuerte, probablemente porque era la vida misma. Pensar, encontrar la idea, verla germinar, desarrollarse, de embrión convertirse en proyecto y realizarse concretamente. "Dar a luz una idea", me atrajo la imagen de Sócrates que dice que como la partera ayuda a nacer a los niños, los filósofos son los que hacen parir al espíritu. Llegan a lo invisible, revelan lo que no es palpable, lo que no es comprensible a primera vista.

*

Mi elección se detuvo en varias escuelas de Bellas Artes donde tendría que pasar un concurso para entrar, selección feroz, con pocos elegidos. Me acuerdo haber ido con mis padres, Céline y su mamá el día de mis 18 años a Lyon para presentar un examen oral y uno escrito. Gran momento de tensión en ese día de mi mayoría de edad.

El sinodal de cada materia era muy especial. Salvas de preguntas incisivas hechas por cada miembro del jurado estallaban por todos lados. Querían saber de lo que estaba hecho cada candidato y si esas caras de angelitos emperifollados con sus buenos resultados iban a poder vivir, sobrevivir en su institución o, al contrario, desmoronarse a la primer crítica mortal.

Al final mi proyecto los convenció, podía escoger entre varias escuelas, después de examinar cuidadosamente los pros, los contras de cada una. Solamente dos quedaron en el rin: Dijon y Saint-Etienne. Dos ciudades igualmente alejadas de mi casa. Sin embargo, quién sabe porqué, Saint-Etienne me atrajo inmediatamente. Además la escuela era muy famosa por sus clases de infografía y de diseño.

Júbilo de éxito en el concurso, haber obtenido el bachillerato con muy buen promedio, y con la licencia de manejar en el bolsillo, todo marchaba como sobre ruedas, todo iba a pedir de boca.
Dominaba mi vida, yo gobernaba. Pero la vida siempre es más fuerte, ¿verdad?

*

Al mismo tiempo, la vida me quitó mi abuelo, Abue Lucien/*Pépé* Lucien, él tan fuerte, inquebrantable según yo. De niña o de adolescente nunca lo había visto enfermo; pero sí, tenía diabetes, gota, mal de familia que hace honor a su variada cocina sabrosa y cremosa. Además me acuerdo con emoción y hambre de las papas *"dauphine"*, los ñoquis lanzados en el aceite hirviendo, los pescados recién sacados del lago y que pronto cocinaría, los pastelitos rellenos de crema, los ricos olores de caramelo, ¡cuántas resonancias, cuántas crepitaciones en la cocina y tus grandes manos expertas al servicio de nuestro paladar!

22

Muy seguido, cuando estábamos en nuestra casa de campo, mi abuelo llevaba camisetas sin mangas algo holgadas asociadas a su delantal de cocinero en mezclilla deslavada y ¡adelante, el maestro estaba listo para sus creaciones! Le puedo asegurar que en esas grandes comilonas familiares o de amigos, nadie se iba con hambre o sed.

Y sonó el teléfono, esa inolvidable llamada; mi papá descolgó. Yo estaba en el primer piso en medio de libros y post-it cubriendo mi escritorio, redactando una disertación.

Gritó: "Tu abuelito se ha sentido mal, pero nada grave" que podía seguir con mi trabajo y que pronto mandaría noticias confortadoras. Esas buenas noticias nunca llegaron, una ruptura de aneurisma, que le puede pasar a cualquiera, sin previo aviso, sin agua va, no hay nada que decir, sólo resignarse.

*

La muerte, ciclo de la vida, ineludible, injusta, ¿por qué en ese momento, cuando había todavía tantas cosas que decirse? No éramos de los que demuestran sus sentimientos o más bien mi abuelito no era uno de esos. Más tarde, Abue Denise/*Mémée* Denise, su esposa, me dijo que él estaba muy orgulloso de mí, que aún tenía en su cartera la foto de un dibujo muy fidedigno de unos caracoles que yo había hecho. Es muy duro para mí entender la muerte, como a todo el mundo, seguro, pero me cuesta mucho trabajo.

Todo se detiene y todo prosigue tan rápido, unos hombres de negro, tú de negro, los otros de negro, madera, tierra, flores, lágrimas, todos juntos frente a la chimenea que crepita, mi abuela digna, no cae en cuenta todavía que acaba de perder al hombre de su vida.

Vamos a comer porque sí, nosotros estamos vivos, entonces tenemos hambre, pero yo no tengo ganas de comer, tampoco de discutir, de contar lo que hago en la escuela. No quiero poner buena cara, me duele, usted lo puede entender.

Pero al mismo tiempo tengo que ser fuerte, no quiero tampoco derrumbarme y que lo aprovechen las chismosas, lenguas viperinas que están ahí únicamente para notificar a sus comparsas el grado de la pena, el caudal de lágrimas, el número de presentes, "lo amaban, había una gran concurrencia, la gente estaba afligida". Seguir adelante, descongelar el coche porque ese año las temperaturas bajaron demasiado, quitar la nieve del camino, echar sal en el suelo para que el coche pueda subir la cuesta.

*

Como pudo leer su nombre anteriormente quisiera hablarle también de una de las personas que más quise en este mundo, mi abuelita Denise. Una mujer para quien se inventaron los superlativos: la más dulce, sensible y discreta que haya conocido y además una cocinera sin par.

Me acuerdo esos pasteles veteados que imaginaba para mis cumpleaños y que saboreaban mis amigos. Untuosos, esponjosos, una delicia. Cuando era niña, los preparaba con ella y siempre terminaba cubierta de harina, toda pintada de polvo blanco a pesar del gran delantal que cubría los tres cuartos de mi cuerpo.

24

Era la época de mojar sopitas. Mi abuelo tomaba su sopa con una lágrima de vino tinto y me la hacía probar. Sin duda, en ese entonces, valoraba más el sabor de lo prohibido. Rozar con los labios un rito de adulto o, para complacer a mi abuelito a quien le gustaba seguir ese jueguito a escondidas de su esposa.

Mi abuela me decía cada vez: "No sé si mis panes salieron bien, mi chiquita", a pesar de sacar siempre un pedacito minúsculo para probar, temiendo haber fallado, pero le aseguro, su pastel era siempre una delicia que todo el mundo se arrebataba y ¡devoraba glotonamente! Lo que más me gustaba era la parte superior que no estaba muy cocida y se pegaba un poco a los dedos y al paladar.

Al paso de los años, esa joven mujercita delgada, espigada cuando se casó -eso lo vi en las fotos- embarneció al vivir al lado de mi abuelo y su inclinación por la buena comida. Sólo me acuerdo de ella bien llenita, con llantitas, madona con la tez lechosa, un lunar en la mejilla que heredó a su hijo y que tengo yo también, al igual que sus dientes de la felicidad.

Es preciso decir que la dieta alimenticia de mi abuelita consistía sobre todo en quesos, su gran debilidad, fresas con azúcar o azúcar con unas fresas para adornar, caracoles sobre una capa de pasta fresca y helado de pistache.

Me fascinaba ir a visitarla para charlar de todo y nada. Seguido me contaba la historia de personas, que supuestamente conocía pero de las cuales apenas recordaba.

De ella irradiaban una bondad, una ternura, una calidez agradable y una gentileza comunicativa. Durante las vacaciones grandes, en la casa de campo, aprovechábamos para ir a una granja vecina llamada "*Les Bois Rouges*" (Los Bosques Rojos) y ahí jugaba en medio de las vacas y de los conejos. Veía a Camille, el granjero, trabajando el campo en su tractor con la ayuda de su hijo, Fabrice, u observaba a su mujer, Andrée, que nos enseñaba cómo preparar la mantequilla, la verdadera mantequilla de granja que tiene un sabor muy diferente de la de los supermercados.

Abuelita Denise les compraba una gallina o un pollo que pondría a cocer y dorar durante horas el fin de semana siguiente; el jugo y la grasa del pollo goteando en una enorme charola llena de papas perfumándolas.

Vida al aire libre, vida fácil.

*

Algo que me dijo mi abuelo se quedó mucho tiempo grabado en mi memoria porque no acostumbraba decir cosas así: "siempre cuidarás mucho tu abuelita, verdad mi chiquita", le había contestado "Sí abue, no te preocupes".

Con mi abuelita, a veces íbamos a tomar el té a un salón que frecuentan las abuelitas, el género femenino, tenaz, permaneciendo en este mundo más tiempo que sus maridos. Salones ricamente adornados, muy cargados, donde los olores a chocolate caliente y café recién tostado nos embriagaban desde la puerta. Entrábamos en una cueva de Ali Baba, verdaderas niñas traviesas que saldrían con la panza llena de golosinas.

26

Los pastelillos, obras de arte en miniatura con chocolate, pequeñas composiciones arquitectónicas oníricas con caramelo, las tartitas de limón verde coqueteaban con el goloso que dormía en cada uno de nosotros y que pronto sucumbiría a la tentación con delicia y con una sonrisa glotona.

Dulce, ligero, un algodón de dulce que se funde en uno, mi abuelita.

Acomodaba siempre su pelo en un chongo, no un chongo severo, austero, no, un chongo aéreo hecho con cabellos delgados que detenía con pequeños pasadores que se caían a cada rato y se esparcían en toda la casa.

Fue un cáncer voraz del colédoco que salió de la nada -en la familia nadie tuvo cáncer- que nos la arrebató en cuatro meses. Qué penoso fue verla desmejorarse, marchitarse, desmoronarse, ella tan gozosa que ya no apetecía de su queso tan querido, poniendo mala cara a cualquier alimento y enflacando.

Hicimos todo lo posible, aferrándonos a cualquier esperanza, pero se fue a reunir con mi abuelito Lucien. Nunca agradeceré suficientemente a Laurent, mi primer amor, por haberme apoyado tanto en esos momentos cuando me tambaleaba, cuando necesitaba cambios, tenía que rectificar patrones, mi saber, cuando mi cabello tan claro se había vuelto negro azabache, color de mi duelo, de mi pena.

Dos últimas y pequeñas anécdotas a propósito de mi abuelita: no le gustaban las flores, cosa rara en una mujer. En cuanto unos amigos le regalaban un ramo de flores o una planta, nos lo daba. Quizá no le gustaba verlas marchitarse, nunca supe. Otra cosa: su color preferido era el rojo, rojo vibrante, rojo deslumbrante, lápiz labial rojo, ropa roja, el rojo, rojo, rojo.

Como mi abue sentía calor en cualquier estación siempre llevaba vestido, generalmente florido. Una sola excepción en su guardarropa, un conjunto de pantalones azul marino que le había regalado mi Tía Flo. Creo que fue la única vez que la vi con pantalones.

Un pequeño detalle, no respeté la cronología de los acontecimientos porque tenía que hablarle de ella, no podía aguardar más. Mi abuelita Denise murió ocho años después de mi abuelito Lucien.

*

Y ya el gran brinco después de la primera libertad motorizada, mi primer departamento. PRIMER departamento, primera casa para uno solo, que se podía arreglar como uno quiere.

Mi nichito acogedor en el desván donde ciertas noches escuchaba el flic-floc de la lluvia durante la tempestad. 23 m², todo blanco de piso a techo con escaleras de madera que agregaban calidez a la morada. Tres pequeñas ventanas dando a los techos con vista directa hacia mis vecinos que seguro no tenían refri y ponían sus frutas y verduras en la terraza.

Un verdadero flechazo cuando lo visité: edificio viejo con tres pisos, sin elevador, buzones algo desfondados, vecinos de piso algo dudosos, en el primer piso mi amiga Espérance, de la Isla Guadalupe, adorable y Gilles, un vecino siempre en busca de azúcar, mantequilla o leche, que me asustaba un poquito pero, en el fondo, gentil. Durante el invierno me llevaba castañas.

Cuando me instalé, cerca de una ventana, debajo de una cortina dejada por el inquilino anterior, encontré una pequeñita máscara maya de barro, que me siguió en todas mis moradas y que hoy día tengo en mi casa.

*

No voy a presumir, a pesar del aspecto embriagante de todos esos cambios. Al principio, no fue nada fácil cortar el cordón umbilical, los primeros pasos de independencia del bebé, pero era el momento de agarrar las riendas de mi vida, verdadera bocanada de oxígeno.

Espacio desconocido, sitio por descubrir, gente por conocer. Principio de nuevas amistades que todavía perduran, tiempo del primer amor que queda tatuado en uno mismo para siempre, la embriaguez, el encuentro con el sexo, la velocidad, la danza, la novedad, las primeras veces, tantas primeras veces, las elecciones, las no-seleccionadas, tiempo de "después de todo se vive sólo una vez", de parrandas, de exposiciones, museos, conciertos en los bares. Ola, marejada, maremoto, eso también es la vida y ¡qué rico es!

Nueva vida marcada por paseos, carreras improvisadas en el coche de mi amiga Laëtitia o ricas comidas en casa de Amandine, Céline o Valérie. Y en el coche, intercambios de miradas, el tiempo se detiene, el coche baja las calles, cual bólido, me asusto un poco, me siento libre, tu mano roza mi rodilla y ahí se detiene, nada más, todo está dicho.

Paralelamente, los estudios, con el objetivo de la escuela de las Bellas Artes, "destruirte para reconstruirte", siendo su meta que te deshagas rápido de tus referencias, de todo lo anclado en ti. Después empieza la guerra o te rindes y no te quedarás mucho tiempo ahí, parado, a punto de llorar con tus bonitos dibujos amorosamente trazados durante cuatro horas y después hechos jirones por el gentil maestro.

O luchas, te mueves, peleas y seguramente te mueres de ganas de romperle la cabeza al simpático maestro en el bello lienzo virgen para innovar, creando un estilo nunca visto que llamaría el "sesos-art", ¡suena bien!

*

Nunca me arrepentiré de haber escogido esos estudios. Me acorazaron frente a la vida, aguantando los "¡oh! Está en la escuela de las Bellas Artes" dichos con desprecio, y sobreentendido: qué piensa hacer de su vida, con un lápiz en la mano y los "¡oh! Está en la escuela de las Bellas Artes" de admiración por lo que representa esa institución y su fama.

En esos estudios uno puede desorientarse si no sabe lo que quiere, languidez garantizada, estudia únicamente el que quiere, de otra manera al terminar el año se topará con la guillotina, la selección no perdona nada, y... adiós al artista.

Sin embargo para el que sí quiere estudiar, que quiere sacar provecho de ese manantial de novedades, tantear, que se interesa por todo, ¡cuántos descubrimientos!, las clases de escultura, manipular el barro, bosquejar cuerpos desnudos, ejercitarse con los volúmenes, las curvas, las reglas de arquitectura, las clases de historia del arte, de perspectivas, de computación, de grafía y de redacción.

*

Durante todas esas etapas, esos pasos, estaban ahí, ustedes dos, Romy y Arturo, aconsejándome, respaldándome, siempre haciéndome ver el buen lado de las cosas y asegurándome que, a pesar de los obstáculos, algo mejor estaba por venir. En el transcurso de todos esos años, frecuentemente me puse a pensar que ustedes estaban muy cerca, aún más cercanos de mí que algunos amigos de entonces.

Así fluyeron mis años de vida estudiantil incluyendo, durante el segundo año, un fantástico intercambio "Erasmus" de tres meses en Portugal en la facultad de Bellas Artes de Lisboa.

Ahí festejé mis veinte años con mi amiga Valérie, con quién me había ido.

En nuestra casa, la Casa Marvao, se hospedan estudiantes de todas partes, una verdadera miscelánea de culturas: alemanes, italianos, portugueses, griegos, uno de Cabo Verde... Paolo, Emanuele, Pietro, Alvaro, Maximilian, Jorge, Nuno.

Verdadera comunión, intercambios auténticos, generalmente un plato típico del país de cada uno para la cena. Me acuerdo que un día en honor a la gastronomía francesa, habíamos preparado crepas, un guisado de res con vino tinto llamado "res a la

31

bourguignon" acompañado de un gratinado de papas "dauphine", las mismas que me preparaba mi abuelito.

Los italianos, Paolo y Emanuele, nos habían guisado y hecho probar lo que es una verdadera pizza que según ellos no era tan buena como la de su mamá pero para nosotras era una delicia o también sus pastas que combinaban diario con salsas diferentes y con el famoso queso parmesano, souvenir ineludible que traía cada estudiante italiano en sus maletas al regresar de las vacaciones.

No tengo un recuerdo inolvidable de las sardinas en escabeche con papas de nuestro amigo alemán, pero tenía tantas otras cualidades que se le perdonaban sus guisados.

Paseos a lo largo de las calles tortuosas de "*l'Alfama*", el barrio histórico de Lisboa donde se palpa el lazo entre las personas. Poca distancia entre las casas de cada lado de la calle, cuántas amas de casa charlan con las vecinas mientras tienden la ropa en su balcón. Enlazan largas platicas sin preocuparse del metiche fisgón que, asombrado por tal entusiasmo, las mira.

Recuerdo de una imagen asombrosa, la ropa tendida chorreando en el paseante distraído que no se da cuenta de lo que esta pasando justo arriba de su cabeza.

Después, novedad culinaria, el famoso bacalao con salsa de jitomate y aceitunas o papas y cebollas, ¡un manjar! Y acompañado por un Ginja, digestivo a base de cereza servido en un vasito con una verdadera cereza en el fondo.

Allá, la magdalena de Proust fueron los sabrosísimos pasteles, los famosos "*pastéis*" de Belém, pequeños flanes típicamente portugueses espolvoreados con canela, retorno a mi infancia, ¡sensación paradisiaca!

Fue la primera vez que tuve ese sentimiento de vivir muy serenamente sin tener que obedecer una agenda impuesta para acudir a una cita, acabar con un trabajo urgente, verdadero bienestar en compañía de los portugueses tan gentiles y los ancianos que gozaban diciéndonos en francés palabras o frases que habían aprendido en la escuela.

*

Además vagaba, exaltada por el amor, el verdadero, el primero, no los amoríos que me trituraban, ¿lo amo? Quizás sí, quizás no, no, indudablemente no.

Ya era simple, claro, tranquilo, muy suave, el pasado borrado de un sopetón, una verdadera quema de sentimientos bobos que dejaba lugar a esa fuerza, esa pasión.

Estoy viva, me siento viva contigo, en ti, para ti.

*

Y de regreso a Francia, de nuevo el ritmo recargado, terminar los estudios, la preparación del diploma, las ganas de cambiar de horizonte, de ciudad.

Con Internet, un nuevo *El Dorado* se abría a mí, primero a título personal, después en el plano profesional, esa herramienta con la que ganaba tiempo para contestar a mis amigos en comparación con los correos tradicionales escritos a mano. En un instante canjeábamos noticias con esos mails que todavía guardo, como testimonios de nuestra complicidad.

Después hubo un nuevo y verdadero encuentro, el de una hermana que no tengo, un alma gemela, una auténtica amiga, Marie Stéphanie, Marie Steph, alta, pelirroja con ojos azul profundo. Impresionante, con un carisma a toda prueba, dinámica, luchadora, un ejemplo a seguir. Nuestros profesores con toda su subjetividad no le permitieron presentar la prueba final. Imagínese después de tres años de estudios, de sacrificios, de esfuerzos, de entrega y ellos que no le permiten presentarse al último concurso. ¡Qué injusticia! ¡Qué asco! ¡Qué absurdo! Y todo sin explicación alguna.

Estoy resentida con ellos, cada quien tenía el derecho de presentarse frente a un sinodal de profesionista, no les incumbía a ellos, profesores que se sentían Dioses, imponer tal elección, el último año, en febrero para una prueba que tenía lugar en junio.

*

Y para cerrar con broche de oro esa necesidad de cambiar de aire, un día regresando de clase, unas semanas antes de presentar el examen profesional, llegando al segundo piso del edificio, frente a mí veo que, en lugar de mi puerta había un enorme boquete.

Sorprendida, incapaz de creer que ese era mi departamento, bajé un piso, y, sí, un enorme boquete en medio de mi puerta dejaba apreciar un verdadero campo de batalla en su vientre. Escalofrío, ¿habrán estropeado mis trabajos? Tanto tiempo para prepararlos, afinarlos para el diploma, sería el colmo, falta de tiempo y de dinero para volver a hacer todo. "Por fortuna", sólo la ropa estaba esparcida, el escaso botín de los ladrones contaba con cosas muy personales más que con dinero constante y sonante. Siendo estudiante no tenía nada que presumir.

En su alcancía se llevaron CD, un Hi Fi amarillo chillante que Laëtitia me había regalado para mi cumpleaños, nada más. Pero se apoderó de mí un verdadero sentimiento de inseguridad que nunca antes había experimentado, sintiéndome tan serena en mi nidito.

Los policías me dijeron que el ladrón había hecho su trabajo con mucho tacto y delicadeza, arruinando mi puerta con hachazos.

Durante mi estancia en Saint-Etienne pude encontrar dos amigos muy fieles, Laurent y Karim. Estudiaban lo mismo, eran inseparables, con un humor corrosivo, la réplica viva, un sentido de auto-burla estupendo y con una inteligencia muy ágil. Cuántas carcajadas, cuántas veladas pasadas con ellos, incontables momentos fabulosos a saciedad.

Su objetivo no disimulado, consistía en tratar de despabilar gentilmente a la Stéphanie que encontraban a veces demasiado bien portada o únicamente rebelde en su fuero interno.

Poco después, diploma en el bolsillo, cambio de rumbo y búsqueda de nuevos horizontes donde colocar mis maletas.

*

Evidentemente la llegada a los estudios superiores y la carga de trabajo habían limitado el flujo de nuestras cartas pero el vínculo, nuestro hilo amistoso seguía año tras año.

Ya nos conocíamos desde diez años, que nos entregábamos, que cohabitábamos Romy, Arturo y yo. Me permitieron construirme, crecer a su lado, no olvidar mi español ya que un idioma se entumece, se pierde si no se practica.

Internet tomó entonces un giro profesional al emprender una especialización en marketing Internet, especialidad muy nueva que me hizo descubrir otro ángulo de la comunicación, la transmisión de datos, el intercambio de conocimientos gracias al vector Internet.

Comunicar, es decir, hablar el mismo idioma, no esconderse detrás de un lenguaje técnico y querer apantallar el otro sin trascendencia sino, al contrario, que al terminar el diálogo cada quien entienda al otro.

Glotonamente, engullí todo lo que me enseñaban en ese campo cautivante, la parte posterior de la telaraña mundial. Me asombran todavía su riqueza, su inventiva, su interactividad y su papel colaborador.

Un medio que, gracias a un boletín interactivo, un blog alimentado día tras día, da a cada quien su oportunidad de alcanzar sus quince minutos de gloria. Ser leído, comentado, citado.

*

Unos años después, Arturo me preguntó si podía alojar a un muy buen amigo suyo que pensaba visitar Europa. Acababa de recibirse y antes de entrar de lleno a la vida activa (¡qué vida activa en México, cuarenta y ocho horas a la semana!), anhelaba realizar un sueño: visitar Europa. El joven se llamaba Rafael.

Con mucho gusto fui a recibir a tu amigo, sin embargo sentía algo raro, pensando que iba a conocer a Rafael cuando hacía tanto tiempo anhelaba conocerte. Algo extraño pero un encuentro fantástico, un muchacho muy gentil, chistoso, interesante ¡cuántos momentos agradables también con mis papás!

Me acuerdo sobre todo de un partido de rugby inolvidable: Rafael con mi papá que no sabe ni una palabra de español, así como Rafa ni pizca de francés, sin embargo una comprensión natural, fraternal, gritando juntos de alegría o de frustración frente a un ensayo o a un error de arbitraje.

En cuanto a nosotros, varias veces pospusimos nuestro encuentro. En el mundial de fútbol en el 98 estuvimos a punto de conocernos pero el precio de los boletos y algunos imperativos lo arruinaron todo. Otra vez, teníamos que armarnos de paciencia.

*

Romy y yo seguíamos con nuestras misivas. La informática surgió en nuestras cartas que ya escribíamos en el teclado pero que no dejábamos de ilustrar con dibujos, stickers y otras calcomanías coloridas. *"Arial"* había sustituido tu escritura cuidadosa, redonda, aplicada.

Con ustedes dos, mis amigos, tenía mi propio mundo, mundo paralelo, mundo lejano sin embargo mundo real.

*

Y la llegada de un mail sin adorno pero con un mensaje en el cual "te voy a visitar el próximo año. También quiero ir a visitar a mi amigo Jorge que cursa un master internacional en Alemania, en Stuttgart."

Arturo está por llegar.

La idea era más o menos la siguiente, visitar Francia, Inglaterra, Alemania, República Checa y regreso a México. Todo muy bien planeado, detallado, cada uno encargado de una parte de la organización, comprar los boletos de avión o hacer las reservaciones en los albergues.

De antemano sabía que no podría acompañarte en todo el viaje pero por lo menos iba a aprovechar la mitad de tu estancia visitando París y Londres juntos.

El encuentro "histórico" se iba a realizar después de trece años de intercambios. No tenía voz, asimilándolo a duras penas.

*

Al subir en el TGV estaba tan angustiada como el día de presentar mi bachillerato, jadeante, con palpitaciones, las ideas entrechocándose a toda velocidad en mi cabecita llena de neblina.

Y, feliz casualidad, una señora se sentó a mi lado. Durante años utilicé frecuentemente ese medio de transporte y, lo confieso, en general tuve la oportunidad de encontrar personas agradables durante el trayecto con las cuales conversaba para romper la monotonía al ver desfilar esos paisajes tan conocidos, esa iglesia, ese panteón, ese árbol tan extraño en medio de la pradera.

Esos encuentros pueden suscitarse de diferentes maneras, como por ejemplo ofrecer una golosina al vecino durante las fiestas de Navidad.

*

La plática con mi vecina empezó con toda naturalidad, espontáneamente, sin pensar, la primera frase coordinándose de una manera fluida con la siguiente. Quizá por el estrés, la angustia, el deseo de que desapareciera ese nudo en el estómago.

Narrar esa nueva etapa de nuestra amistad, con el encuentro cara a cara, un 5 de mayo, día de una memorable batalla entre México y Francia, la batalla de Puebla, llamada también Cinco de Mayo, de la cual salimos con la cola entre las patas y cabizbajos.

Había que dar un tono más pacífico y fraternal a esa fecha. Iba a tratar de hacerlo.

*

No paraba de hablar. Hablar era el nuevo derivativo a mi exceso de energía.

2 horas de tren, entre Lyon y París.

Mi vecina, trotamundos experimentada me contó sus viajes exóticos, sus múltiples amistades encontradas durante sus estancias, sus intercambios de largas cartas con los países del Magreb principalmente. Eso me ayudaba, su voz suave me apaciguaba, ella me entendía.

El tiempo volaba. Estaba tranquila cuando saliendo de ese sopor, una voz avisó la llegada inminente a la estación de Paris y me sacó bruscamente de ese capullo sosegado que habíamos confeccionado con nuestras pláticas. La emoción no tardó a embargarme otra vez; el tren frenaba ya.

Es una locura. Yo que tanto anhelaba ese momento, imaginando varios escenarios, ahora, a unos cuantos metros de la liberación, empezaba a dudar, deseando casi que no llegara el tren.
Naturaleza humana compleja, ya trastornada, estresada a más no poder, esperaba que se abriesen las puertas. Las preguntas se multiplicaban en el hormiguero que se había vuelto mi cabeza. Pensamientos con mil patas caminando y recorriendo a toda velocidad mis neuronas en alerta.

Me recupero, respiro, vuelvo a la calma, inhalo profundamente. El tren se detiene con un rechinido que regresa los pasajeros a una realidad sonora dolorosa.

Punto de encuentro: el andén de llegada del TGV proveniente de Lyon.

Arturo no conocía la estación. Por haber ido muy pocas veces a la capital, yo misma no podía precisarle como punto de encuentro algún bistro conocido. Llegamos, se abrieron las puertas derramando un flujo de gente en el andén. Empieza mi rastreo. Examino, espío cada rostro en búsqueda de mi amigo.

Muchedumbre bajando, esperando, subiendo, saludándose, abrazándose, llorando. Pavoroso. Y mi bomba de vida que no quiere volver a tomar su ritmo normal -bum bum, bum bum-, no, eso es un tamborileo, el baterista de rock pesado se desahoga, entra en trance. Ya, estoy alucinando, creo ver a mi amigo en cada perfil masculino con pelo negro y tez morena.

*

Así no es, así no es, aplácate. Poco a poco el caudal de hormiguitas jalando sus maletas se reduce poco a poco. ¡Qué bueno! Así podré ver mejor la gente que me rodea.

Recorro una vez el anden en un sentido, regreso, aguzando el oído, todo mi cuerpo en alerta para captar cualquier sonido similar a mi nombre.

Mi corazón, mi bomba de vida echa frenéticamente ríos carmín en mis venas. Estoy ardiendo. Otra vez ida y vuelta a lo largo del andén.

Nada, todavía nada. Otra vez las preguntas hormiguean, bullen en la poca lógica que me queda. Le dije claramente "*Gare de Lyon*" en Paris, el 5 de mayo, tal hora, está todo claro.

Algo le pasó. Ya me imaginaba en las cinco horas por venir, hojeando el directorio buscando en todos los hospitales parisinos para encontrarlo. Y ya un poco más esperanzada y lúcida, pensaba, en el peor de los casos, nos encontraremos en el albergue en la noche; tiene la dirección. Sin embargo haber esperado todo ese tiempo y fallar nuestro encuentro o teñirlo de espera ¡no!

*

Por aquí está. ¡A fuerza!

Sólo algunos viajeros y algunas colillas tiradas por aquí y por allá llenaban todavía el andén. De repente se oyó un sonido quejumbroso, casi imperceptible. Mi celular, en el mero fondo de mi bolsa. ¡Rápido! ¡Rápido!

¡Es él!

Todavía en el andén cubierto por un enmarañamiento metálico, sólo captaba unos sonidos entrecortados. Corriendo, trato de salir de la estación para entender lo que acababa de oír -era un mensaje en mi buzón-.

¡Cuidado! No me vaya a equivocar con las teclas con mis carreras, no borrar nada. Es tu única manera de comunicarte con

42

él. Ya afuera escuché varias veces sus palabras, ¡Viva la tecnología! Pero ¿por qué no se oía mejor? Bueno, sé lo esencial, me cita en la misma estación a las 5 de la tarde, o sea dentro de media hora bajo el anuncio "N". Se oye muy bien. Está en Francia.

*

Retomo mi aliento. Tengo tiempo por delante. Sólo me resta identificar el anuncio y esperar. Ya falta poco para el encuentro. Y entonces, mi sueño de un día "sereno" otra vez se va para abajo con dos colores: azul y amarillo.

Aclaro. Hay dos anuncios con N, uno azul y uno amarillo situados en puntos opuestos en la estación. Seguro Arturo me señaló en su mensaje uno de los dos colores pero su voz robotizada y entrecortada no me permitió entender.

Otra vez a dar vueltas y vueltas, un ciclo sin fin, sin descanso entre esos dos anuncios, chorreando por todo mi ser. El encuentro en las mejores condiciones posibles...

Al mismo tiempo me sentía culpable, pensando "imagínate llegar a una capital desconocida y tu amigo o amiga no se presenta a la cita". No sé cuánto tiempo duró este juego, perdí la noción del tiempo ¡qué irreal me parecía esto!

*

Al pasar debajo del anuncio central de la estación me quedé petrificada al escuchar pronunciar mi nombre. Me volteé y a cinco metros estaba Arturo.

No puedo decir qué impresión me hizo esa primera mirada, caí en sus brazos, tuve la impresión de estar una eternidad la cabeza metida en su hombro -después él me diría que al contrario había sido bastante corto-.

*

Aquí está. Me presenta a Jorge, su carnal que está estudiando en Alemania y pasará esos días en París con nosotros.

Saludos, abrazos muy mexicanos. Estoy bajo el efecto de no sé cuál molécula que descargó mi cuerpo, pero no soy yo. Desde lo alto me veo vivir esa plática, como si no fuera uno de los protagonistas. Para calmar nuestras mentes, decidimos ir a tomar un refresco. Nos sentamos, nos miramos, tenemos tantas cosas que decirnos, todo se entremezcla, se me olvidan las palabras, difícil, muy difícil volver a encontrar su español. Un agujero negro. Pero nada grave, estoy feliz, tranquila, las palabras regresarán poco a poco.

*

Es el momento de las explicaciones, entender lo que pasó, ¿por qué esa cita pospuesta? Finalmente Jorge y Arturo llegaron justo a tiempo, desgraciadamente ya no estaba escrito en la pantalla el

44

anden de mi tren. Despues me buscaron por todos lados sin encontrarme.

*

En cuestión de estrés y adrenalina, Arturo y Jorge también tuvieron su dosis. Como no me habían encontrado a la cita prevista y a falta de celular funcionando en Francia optaron por un café internet desde donde trataron de comunicarse conmigo.

Pero, en ese momento, estaba en el TGV metida en mi narración con mi compañera de viaje y además la red tiene sus límites: sólo buzón. Imagínese la frustración de los cibernautas. Pero también es de admirar el ingenio de nuestros dos compadres.

*

Después de haber recobrado la calma, mandé un mensaje a Céline mi amiga de la secundaria, que compartió durante todos esos años los intercambios con mis amigos por correspondencia. En esos entonces, Céline estudiaba en la Escuela del Louvre "Ecole du Louvre" y no podía ir a la capital sin compartir con ella ese momento.

Su llegada nos permitió relajarnos otro poco y aún reír de ese singular encuentro. Con ella teníamos un guía de primera para orientarnos en los sitios turísticos y los rincones menos conocidos de París.

*

45

Sin embargo, nuestros amigos mexicanos no habían perdido su tiempo y desde la mañana habían recorrido la ciudad a lo largo y a lo ancho, ya habían visto la mayoría de nuestras maravillas nacionales. Hay que reconocer que residen en una de las más grandes megalópolis del planeta, veintitrés millones de habitantes. Por lo ual trasladarse en una capital, aún desconocida, no es un problema.

Además de sus kilómetros caminando en la mañana, Arturo tenía que enfrentarse al cambio de horario, siete horas de diferencia. Sin embargo, muy gentilmente como verdaderos caballeros, tanto Jorge como Arturo nos acompañaron. ¡El recorrido no fue sencillo para unos cuerpos cansados! Muchas escaleras, Montmartre, el Sagrado Corazón, el Molino Rojo, tantas vistas esplendorosas, tantos edificios soberbios, todo eso para compartir los cuatro.

*

No vimos pasar la tarde y como empezábamos a sentir hambre, fuimos a comer en un restaurante con comida típica de Lyon llamado *"bouchon"*. Yo, la vegetariana, lo había escogido para que conocieran los guisados de la salchichonería de Lyon y el vino. El marco de ese sótano con sus muros hechos de piedras viejas era muy agradable, un ambiente cálido como en casa.

Después dejamos a Céline, fijando la cita del día siguiente y nos dirigimos al albergue que nos esperaba y que esperábamos ansiosamente para un descanso salvador. Nuestro cuarto contaba con literas, Jorge en las alturas, Arturo, abajo como yo, en mi punto de mira.

Regadera: qué felicidad ese chorro de agua tranquilizante sobre mi cuerpo, ese calor, poder deshacerse de todo el estrés del día, sacarle espuma, verlo disolverse y desaparecer poco a poco.

Luego el encuentro en el cuarto donde cada uno llegó en pijama. Creo que cuando entró, fue la primera vez que mire bien a mi amigo, sin estar cautivada por la plática o buscando el camino.

*

Entonces aquí estás, mi correspondiente, confidente, amigo, con cabello negro, grueso, ligeramente ondulado, de un negro profundo, siempre con gel, tez morena, ojos negros, una sonrisa constantemente dibujada en tus labios carnosos.

Me sorprendí pensando "¡Qué guapo muchacho!" ó "¡*Pas dégueux*!". Así estropeo una expresión madre-hija que nos gusta mucho "*Pas dégueux*" es decir, hablando de una persona o de un guisado, "muy bien", "muy bueno".

Pero luego aparté esa consideración para recibir el montón de regalos que me presentaba. Me dejé llevar por el encanto de un oso de peluche vestido con el célebre traje de mariachi y luciendo un sombrero, el famoso sombrero de alas anchas.

Después de tantas emociones y buenos momentos, una noche de sueño no se podía despreciar.

*

Fuera de un nuevo hallazgo: los ronquidos de Arturo. Tanto Jorge como yo nos quedamos atónitos frente al ruido impresionante que hacía nuestro amigo. Durante muchos años me habían mecido los gruñidos de mis abuelos y de mi papa y creía que mis oídos lo habían oído todo. Pero no, otra vez México le daba una paliza a Francia, tan potente era el volumen sonoro. Poco a poco, vencidos por el cansancio, el dulce sueño nos atrapó y nos llevó al mundo de los sueños hasta la mañana siguiente.

*

El día siguiente, con el mismo ritmo acelerado, fue una jornada especial ya que nuestros amigos pronunciaron su primera oración en francés. De hecho, a pesar de nuestra correspondencia, Arturo nunca aprendió francés. He aquí el primer enunciado "*j'aime beaucoup le fromage*", me gusta mucho el queso, eso deja huellas, claro.

Uno de los anhelos que compartíamos los cuatro era organizar un día de campo en un parque, pero poco a poco el cielo gris nos miraba feo y cayó un diluvio.

A cantaros, llovía a cantaros, no el chipi chipi ligero que, tímido, osa apenas mostrarse, no, una fuerte lluvia, imponente.

Seguíamos nuestro camino como podíamos, buscando abrigarnos debajo de los aleros de las tiendas. Nos íbamos empapando poco a poco sin embargo las gotas de lluvia no iban a quebrantar nuestro entusiasmo.

*

Compramos todo lo que cualquier extranjero, pensando en la gastronomía francesa, quiere comprar: pan baguette, queso camembert, salchichón y una botella de vino. Ya con nuestras provisiones empezamos a buscar un parque con árboles tupidos que nos pudieran abrigar, lo que no fue nada sencillo.

Lo único que encontramos, fue un árbol, bastante frondoso en cuanto a su follaje y como una gran cadena de amistad, lo abrazamos con nuestros cuerpos. Pero bajo el bombardeo incesante de las chispas de agua, las hojas no tardaron en gotear.

Nuestros pantalones de mezclilla empapados hasta el tope formaban como una segunda piel azulada y untada. Frente a nuestros rostros bañados, no nos quedaba otra cosa más que reír, burlándonos recíprocamente con gentileza los unos de los otros.

*

Céline tuvo una idea genial y salvó la situación: abrigarse por lo menos un rato, debajo del Arco de la Defensa *"Arche de la Défense"*. Entonces improvisamos un día de campo debajo del Arco. Y eso es para mí uno de los mejores recuerdos de esa escapada parisina.

Luego el conteo del tiempo se aceleró: visita de los grandes museos de París, muchas caminatas, risas y debates.

Dejamos a Céline con sus talentos de cocinera porque, el día siguiente, recibía a Sebastián, su galán. Y entonces, ollas y sartenes firmes, ya que todo tenía que estar perfecto para recibir al joven.

*

Además ya era hora de la despedida con nuestro amigo Jorge que regresaba a Stuttgart y nosotros dos tomábamos el avión para Londres.

*

Una pequeña anécdota: mientras nos encontrábamos en la cola, para pasar la aduana, un paisano me preguntó si Arturo no era terrorista -psicosis- ¡su tez mate, su barba naciente no le inspiraba confianza! ¡Simpática bienvenida francesa que damos a los visitantes!

Segundo susto, esta vez al llegar a la aduana. La señorita de la ventanilla pide a nuestro querido terrorista mexicano enseñarle su visa para ingresar a Inglaterra. Dos rostros descompuestos fueron la respuesta. Y una verificación más y excusas, un error suyo: los mexicanos no necesitan visa para pisar el suelo de su Majestad. ¡Qué alivio!

Embarco.

*

Apenas instalados, Arturo me dice que, en realidad, cuando empezamos a escribirnos buscaba, como se lo había aconsejado su profesor de inglés, una amiga americana o por lo menos de lengua inglesa para practicar ese idioma. Era lo que había pedido al organismo finlandés.

Por suerte y gracias a una equivocación de un encargado, fui yo quien recibió su dirección. Tal vez Arturo encontró cierta gracia a mis errores como yo sonreía con los de Helen la inglesa, cuando me escribía en francés, porque, como usted ya lo sabe, seguimos con nuestros intercambios.

*

Una vez llegados a nuestro destino, buscamos el *Stanted Express*, el tren naranja y azul que nos iba a llevar al corazón de Londres. Una vez acomodados en nuestros asientos nos lanzamos en una serie de juegos "francés-español". ¿Cómo se dice tal o tal cosa en español? Juegos de memoria y de concentración.

Primer recorrido en metro y asombro frente a los precios estratosféricos de la capital. Nos teníamos que acostumbrar; en Londres todo es caro. Y luego, a buscar nuestro albergue. No muy seguros de dirigirnos en la buena dirección, por cautela preguntamos nuestro camino a unos autóctonos que no eran tan nativos como parecían. Además, sin duda notaron luego mi acento francés ya que me contestaron en mi idioma que no estábamos muy lejos, a nuestra izquierda.

Gracias queridos compatriotas.

Albergue tradicional de juventud inglesa con *Bed and Breakfast*, alojamiento y desayuno. Desde nuestro cuarto, en el último piso dominábamos Londres. Nuestras pantorrillas duramente puestas a prueba con nuestra escapada parisina, muy adoloridas, nos refrescaban la memoria.

Vista desde los techos y con fondo la *London Eye*, una Rueda de la Fortuna con cabinas transparentes en forma de ojivas para visitantes. Se edificó para el paso al año 2000 y ofrece una imponente vista sobre la ciudad.

En el cuarto había unas literas y en la misma línea, pegadas a la pared, dos camas pequeñas. Escogí una de esas camas y Arturo la otra.

Alejandro, el amigo de Arturo que estudiaba en Inglaterra, nos alcanzó un poco más tarde. No tiene el tipo latino como se puede imaginar: ojos verdes, cabello castaño, tez clara. Es preciso saber que muchos mexicanos no tienen la piel apiñonada, los colonizadores españoles se mezclaron con los pueblos que conquistaban.

Gracias a nuestro nuevo guía, pudimos recorrer a lo largo y a lo ancho la capital londinense, sin perder nada de las riquezas de esa ciudad a pesar del tiempo reducido que disponíamos. Para ahorrar dinero o por el gusto algo sádico de vernos trotar, nuestro amigo casi no nos dejó utilizar el transporte público.

Westminster Abbaye, Big Ben, House of Parliament, una obra de teatro... y para coronar el paseo en *Hyde Park*.

Hyde Park, un parque inmenso, verdadero pulmón de la ciudad.

En cuanto a áreas verdes, Londres es una ciudad privilegiada: parques, árboles, cuántos lugares agradables para un almuerzo improvisado justo el tiempo de una pausa, para un paseo el fin de semana o como lo hacen muchos adeptos para el jogging.

Hermosos árboles con su manto de flores malvas aportaban al parque un toque silvestre, sus delicadas flores se esparcían en nuestro camino, dibujando en el suelo un tapete rosado lleno de poesía.

*

Durante un trayecto en metro, porque sí lo tomamos una que otra vez, al igual que los famosos camiones rojos de dos pisos, estos señores me preguntaron cuál era para mí el hombre ideal.

Pregunta difícil a la cual no pude dar una respuesta precisa, no tengo en mente un modelo estereotipado, tampoco un patrón en el cual mirar con lupa a todos los hombres esperando encontrar el ser adecuado. Sin embargo podemos decir que si fuese inteligente, eso le podría servir y preferentemente moreno. Después de eso fornido o no, con ojos claros o no, apiñonado o no, poco importa.

*

Alimentos, *Fish and Chips*, pescado y papas fritas, buenos pero grasosos, pub, cerveza y parada en la *Tower of London*, compras de souvenirs para regalar a la familia y a los cuates.

53

Quería de todo corazón ofrecer a los papás de Arturo, María de la Luz (como su hija mayor) y Arturo (como mi amigo) un bonito recuerdo, para agradecerles todas sus atenciones para conmigo.

Difícil adivinar lo que les podría gustar, sin conocerlos. Contaba un poco con la ayuda de Arturo, pero frente a los precios altos, se quedaba mudo. Se limitó a sugerirme no comprar muchas cosas para los suyos, sólo una nuera podría consentirlos tanto.

Entonces me contenté con lo que tenía en las manos, algo triste por no poder darle rienda suelta a mi frenesí de compras.

*

Frente al *London Bridge*, corre un riachuelo donde entendimos que según la tradición había que tirar monedas y al mismo tiempo pedir un deseo. Lo hicimos con mucha emoción.

*

La última noche fue muy desvelada. No que hayamos recorrido todos los "*pubs*" hasta no tener más sed, pero más bien porque nos quedamos platicando hasta el amanecer.

Parecía que el latino y la francesita habían encontrado el momento ideal para explayarse, hablar con sinceridad, sin palabrerías, sin barreras, sencillamente dos seres discutiendo sobre su porvenir, cómo cada uno lo imaginaba, cómo nos veíamos en los años venideros, en un futuro cercano o lejano.

Le expliqué a qué punto mi trabajo es importante para mí y que si un día debía dejarlo, sería únicamente para seguir al hombre de mi vida. Lo importante, lo secundario, lo superfluo, revisamos todo, serenamente, felices los dos por platicar así el uno al otro.

Fueron los "mhhh mhhh" de un cuarto viajero que ocupaba la cama sobrepuesta, arriba, los que nos hicieron bajar el volumen, cuchichear de una manera casi inaudible. Pero no fue suficiente y frustrados, tuvimos que callar. Nuestro australiano no apreciaba nuestras conversaciones nocturnas.

Entonces, nuestro "amigo" cambió nuestras dulces voces susurrantes por unos ronquidos sonoros mucho menos armoniosos...

*

Esa noche la colocación de las camas era curiosa y más íntima. Arturo acostado normalmente en su cama. Yo, la cabeza en el lugar de los pies, tenía mi rostro frente al suyo, en paralelo.

Dibujé algo en un papelito, escribí una palabras y lo puse en la maleta de Arturo para que tuviera un recuerdo mío al llegar a Alemania. Un sentimiento extraño, confuso me invadía; unas de las últimas cosas de las que habíamos platicado era que tanto a él como a mí no nos gustaban los "adioses" prolongados, y en consecuencia habíamos decidido que los del día siguiente serían lo más cortos posible.

*

Y así fue.

Está aquí… ya no está aquí.

De repente un gran vacío cargado de preguntas: ¿nos volveremos a ver? ¿Cuándo? ¿Qué pensó de mí? ¿Su amiga lo decepcionó? El sueño, lo imaginario confinan frecuentemente la realidad a una muy triste insulsez. Pero ya se había acabado el tiempo de soñar. Vuelo en sentido opuesto. Destino Lyon y otra vez el trabajo.

*

Poco a poco el cuerpo vuelve a aclimatar, a encontrar sus hábitos, su ritmo; para la mente es más complicado, sigue mariposeando, imaginando, divagando.

Dos días después de mi regreso, recibí una carta de Alemania, de Stuttgart en la cual Arturo me decía hasta qué punto le había gustado el principio de su viaje, cuánto había apreciado nuestro encuentro, lo que había sentido, que día a día sus sentimientos habían evolucionado, que se ponía a soñar con un futuro diferente y volvía a analizar unos anhelos que había apartado y que volvían a tomar vida en él.

Concluía la carta diciendo que si quería cambiar mi ideal masculino de un hombre inteligente por un hombre culto y totalmente abnegado, él estaba a mis órdenes.

*

¡Terremoto! Me quedé sin voz, leyendo y volviendo a leer indefinidamente sus palabras.

Lo que había sentido sin osar confesármelo, sin osar dar la cara temiendo perderlo si le revelaba mis sentimientos, aquel beso que me hubiera gustado posar en sus labios más que en su frente durante nuestra última noche en Londres, él también lo había sentido.

Estaba feliz, totalmente chiflada pero en ese momento no veía más allá de esa increíble carta, sus sentimientos depositados en el papel, lo que de nuevo compartíamos tan fuerte el uno por el otro. Era una locura, algo irreal. No esperaba una misiva con semejante contenido.

*

Entonces, dejándome llevar por los sentimientos que había reprimido, volvía a vivir esos momentos en los que mi corazón latía frenéticamente y de pronto lo veía como un hombre y no más en su traje de amigo.

Tu llegada en el cuarto la primera noche en París, después de una ducha salvadora y con tu playera blanca, *"pas dégueux"* "¡un bombón!"; Londres deseando poder volver a verte, por lo menos una vez o ese verdadero desgarro, ese vacío cuando te marchaste hacia Stuttgart, sin mencionar aquella noche detonadora cuando yo te decía que podía dejarlo todo para seguir a "mi hombre", ya, en aquel momento, era a ti al que me refería.

57

Sin embargo, no había notado ningún signo de esperanza de algo todavía más bello que lo que ya estábamos viviendo, aquella armonía, aquella comunión soñada entre nosotros, que una amistad como la nuestra podía reflejar sin pensar en unos sentimientos amorosos.

Y también, es importante decir que no me sentía a gusto, que estaba avergonzada por no poder expresarme más en tu idioma y que todo quedaba confinado en mi cabeza, frustrada, furiosa contra mi por todas las palabras que me faltaban. Y no entender al cien por ciento todo lo que estabas diciendo me era insoportable.

*

Luego a la mañana siguiente, tomé esa decisión: tenía que perfeccionar mi español, retomar el nivel de antes y enriquecer mi vocabulario.

Compré un método de aprendizaje nivel intermedio y avanzado. Cada día al regresar del trabajo me sentaba frente a la computadora para estudiar y tratar de progresar.

*

Algunos días después, recibí una tarjeta de Praga, muy poética, una puesta de sol en tres puentes de la ciudad. Me escribías qué tan bella es Praga, una ciudad romántica que le hubiera gustado visitar conmigo.

Ya se aproximaba para ti el momento de regresar a tu tierra. Todavía estabas de mi lado del océano e iba a verte desligarte de mí, recorrer cuántos kilómetros que otra vez nos iban a distanciar y por cuánto tiempo.

*

El día de tu partida, me llamaste al trabajo. Estabas en París, a escasas dos horas de mí. Todo se enmaraña en mi cabeza. Tengo que volver a verte. Tomo el TGV. Tengo que volver a verte.

Pese a las apariencias, la paciencia no destaca en Arturo, y en mí tampoco. Y dar prueba de medida, de calma para de nuevo soportar la espera no entraba en nuestros planes.

Más tarde me dijiste que habías vivido el mismo sueño-despierto que el mío, salir para Lyon, a alcanzarme. No obstante, quizás por ser demasiado concienzudos, no hicimos nada. Después de haber colgado el teléfono, me quedé con la mirada perdida, sin abandonar el deseo de alcanzarte en París. Condenada razón, imperativos que me esperaban por la tarde, tú y tus horas de vuelo pudieron más que esa locura compartida.

*

A partir de aquel día, iniciamos una correspondencia nueva, apasionada, exaltada, sin límites, sin restricciones.
Los intercambios ya no se hicieron por cartas, ni por mails sino con el instantáneo del Chat, del diálogo en vivo.

Siguieron horas y horas de pláticas, de perspectivas para el futuro, de planes, de dudas, de consejos de amigos

59

previniéndonos de los peligros que la distancia causa y de esperanzas defraudadas. Sabios consejos claro, pero que me desgastaban como no se puede imaginar, ambos luchando para encontrar una salida batallábamos bajo el bombardeo de la argumentación.

De cuatro a siete horas al día, dialogando. Honestamente nunca pensé que tuviéramos tantas cosas que contarnos. Esos intercambios modificaron mi ritmo de vida. El Señor Café que no era mi pasión, se volvió el amigo de mis despertares.

¡Qué fabuloso! Sentirse volver a la vida, ya no más atrofiado entre cuatro paredes, imaginar un porvenir, complejo seguramente pero embriagador. En aquél momento cualquier premisa realista o técnica no tenía ningún interés.

*

Esos largos intercambios nos acercaron aún más. Por escrito es mucho más fácil abordar ciertos temas más íntimos, más secretos y personales.

Tres meses de diálogos desenfrenados, de fines de semana regidos por la hora a la que despertabas (contando siempre con las siete horas de diferencia) aquellos días de descanso estaban organizados y ajustados según el horario mexicano.

Arturo duerme. Voy al mandado, voy a dar la vuelta, ordeno mis papeles, organizo mi agenda.

Arturo está despierto. Mi mundo se pone en pausa y todo está regido por un teclado, una pantalla y tus palabras.

*

Llega agosto y las vacaciones de verano organizadas desde hace mucho. Este año, el Océano Atlántico, la ciudad de "*Lacanau*", camping en medio de la naturaleza a trescientos metros de las olas.

Al mismo tiempo las ganas de volver a verte me atormentaban pero el precio de los viajes en temporada alta rápido me hacían cambiar de parecer. Vacaciones sola pero no solitaria, dichosa gozando aquella comunión con la naturaleza, aprovechando cada rayo de sol y cada ola, los concursos de surf con sus conciertos gratuitos cada noche.

Un verdadero momento de serenidad, de reflexión sobre los últimos meses, sobre mis sentimientos, sobre lo que me alienta y sobre lo que quiero hacer con mi vida y con quien. Sosegarse, hacer una pausa, salir del frenesí y tranquilamente reflexionar sobre el futuro.

No dejábamos de mandarnos noticias, un café internet era nuestro lazo, diario nos contábamos nuestros días.

*

Regreso a Lyon. Investigar las ofertas de viajes con destino México. Precios sensiblemente más baratos. Toma de decisión. Voy a visitarte.

Explicación dudosa a mis papás que no entendían muy bien porque salía tan repentinamente para México. Quince horas de viaje, once de vuelo más las conexiones. Muy buen viaje. Reviso

61

mis apuntes de español, espera en el baño, refrescarme y principio del descenso.

*

Llegada tremenda. El avión empieza a girar del lado izquierdo y tengo debajo de mis ojos la inmensidad de la megalópolis. Un sembradío de casas miniaturas hasta perder la vista. El miedo me carcome el vientre. Perdida en medio de lo desconocido. Tengo el estómago al borde de los labios, rezo para que Arturo llegue puntual a la cita, a mi llegada. El avión sigue girando. Con la perspectiva parece que las alas del gigante de dos pisos van a desplomarse sobre los edificios. Sin embargo, poco a poco el avión se endereza, seguimos nuestro descenso en pleno corazón de la ciudad, en medio de los rascacielos. Finalmente tocamos tierra suavemente. Aplausos.

*

Luego, la clásica espera para recuperar el equipaje con una subida de adrenalina cuando uno se pregunta si el suyo estará a la cita. Después paso obligatorio por inmigración, la fortaleza: primer bastión que atravesar antes de la aduana donde a pesar de tener la conciencia tranquila, uno se siente amenazado por tanta espera, tantas verificaciones que se prolongan.

Larga fila de hormiguitas cargadas, llenar las fórmulas, tiempos de la estancia, propósito, donde va a llegar, fecha del regreso... Primera etapa superada bajo la mirada retraída del funcionario, autorización de estancia en el país por ciento ochenta días como turista. No necesito tanto.

*

Segunda etapa llevándonos al final del recorrido: la aduana y a lo lejos la línea de llegada y la muchedumbre esperando a los viajeros recién desembarcados.

Empiezo a serenarme, quizás demasiado pronto ya que un agente me explica que me hace falta un papel pero no me dice luego donde podría encontrar ese "ábrete Sésamo", dándome todo el tiempo para descomponerme frente a él, un rato después, una gran bondad lo conmueve y me señala que puedo encontrar las hojas en el pilar atrás de mi.

Contesto a las preguntas muy esenciales del folleto: cuántas armas traigo en el suelo mexicano o si la cantidad de lingotes que trato de pasar es superior o no a lo permitido.

De nuevo saludos al funcionario que me sonríe y me pregunta de donde vengo. Si supieras las ganas que tengo de contestarte, Señor. Pero no demos más pretextos a los extranjeros por considerarnos, a menudo con mucha razón, enojones y gruñones. Entonces, sonrisa: "de Francia".

*

Pero todavía no había llegado la hora de la liberación, ahora una nueva prueba, la del timbre. Un pequeño botón que cada viajero debe presionar, si se enciende luz verde, puede seguir adelante, si

63

es luz roja, tiene que presentar sus maletas al agente que las registra con mucha minucia.

Suerte ¡VERDE! Paso.

*

Examino los rostros, no veo a Arturo. ¡Ojos miopes, concéntrense, enfoquen! ¡Ah! Sí, está llegando. Me tranquilizo.

Besito y camino al coche donde un precioso ramo de flores de todos colores me está esperando.

*

Primeras miradas sobre la megalópolis, en la mera ciudad carreteras anchísimas con tres a cuatro vías en un sentido y a veces igual en el otro. Los anuncios publicitarios son gigantescos, desmesurados, del tamaño de la fachada de un edificio, las personas que consideran esas publicidades como contaminación visual, se desmayarían.

He aquí la carta que mandé a mis amigos después de mi llegada, escribiéndoles mis impresiones al descubrir ese país:

Saben, en cuanto veo algo nuevo que no tenemos costumbre de ver allá, tomo un post-it y apunto la pequeña anécdota que tengo que contarles. Los días transcurriendo a una gran velocidad, la cantidad de pequeñas diferencias multiplicándose día tras día ¡estoy debajo de una inmensa ola amarilla!

Nos vuelvo a sumergir en la megalópolis mexicana... Antes de salir, muchos me dijeron que "al parecer, por la contaminación, hasta había pájaros que caían muertos en la calle", "¡ah! Bueno", contesté perpleja. Desde que llegué no vi ningún volátil suicidarse ni morir por asma fulgurante, si lo veo, ¡serán ustedes los primeros en saberlo!

Tampoco vi un manto de neblina, no se siente opresión peculiar, tampoco por la altura, México se sitúa a 2 300 m, ni por la contaminación que si no es visible sí está muy presente.

Según algunos artículos que pude leer, ahora la contaminación es menos fuerte que en los años 70/80. Con el crecimiento de la población, eso quiere decir que se progresó para prevenir la contaminación. Por ejemplo un coche que tiene más de dos años debe pasar una verificación cada seis meses, un control contra la contaminación.

Ya que estamos hablando de coches, hablemos de gasolineras, ya, sí, mi relato es palpitante, admito, bueno,... Es como en mi juventud -¡ay, caramba!- en Francia, aquí hay un hombre o una mujer que hace correr en el gaznate de su vehículo el precioso líquido, por unos pesos, unos centavos.

Continuemos con el mismo hilo conductor.

En ese momento estamos parados en un alto, ¡milagro! Que nos DETUVIMOS en un semáforo rojo. Sí, aquí los tres colores de los semáforos son igual de decorativos que las guirnaldas luminosas. ¡Un alto! Mmhhh simpático; veamos de cada lado, nadie a la vista,

adelante; en frente hay policías, no importa, sigamos
tranquilamente nuestra ruta...

Ya me salí del tema, entonces parados por el tráfico denso,
tuvimos que aguantarnos y detenernos. Es cuando una parvada de
vendedores ambulantes va y viene entre los vehículos,
proponiendo por unos pesos dulces, flores, frutas, periódicos y a
menudo unos niños hacen acrobacias por unas monedas.

Es bastante turbador ver a esos muchachos con la cara
pintarrajeada haciendo piruetas en medio de los ejes viales.
También están los que lavan los parabrisas y hay que detenerlos
con un "no, gracias" antes de que rocíen el cristal con un líquido
espumoso y pasen el jalador.

También es común que mientras haces tus compras en el
supermercado por menos de dos euros, te lavan tu coche. Dejan
su coche en el estacionamiento y un hombre armado con las
herramientas necesarias lo limpiará y lo hará brillar ahí mismo.
Cuando sale uno del super, encuentra su coche rutilante.

Tengo que reconocer que son unos artistas para hacer brillar tu
parabrisas. En general lo que hacen los mexicanos lo hacen con
cuidado y sonriendo. Cosa no tan común en Francia y cuando lo
hacen es sólo porque el cliente es rey.

Una pequeña anécdota que me pasó mientras estaba frente a mi
computadora trabajando muy concienzudamente, como siempre.
Hubo un choque justo debajo de mi ventana. Estaba en la primera
fila para oír la cacofonía de todas las sirenas, policía,
ambulancias... por fortuna nada grave sólo algo de hojalata
arrugada, sin heridos.

Les confieso que no conozco todavía las palabrotas en español y quizá existen unas típicamente mexicanas sin embargo les puedo decir, a juzgar por la cara de pocos amigos de los conductores, no era la hora de la serenata... pero más bien de un intercambio verbal colorido. Arturo me explicó que en cuanto hay un accidente, una vez levantada el acta, van a fuerza a la delegación de la zona con la policía para pagar una multa a la ciudad por daños a la vía pública, hayan o no daños. Si los infractores no cooperan, luego es la cárcel para ver si eso les refresca las ideas. ¡No se andan con bromas los mexicanos!

Hablando de serenata, aquí es costumbre alquilar el servicio de unos mariachis para festejar un cumpleaños o declarar su amor. En general se congregan en una plaza, la plaza Garibaldi donde ofrecen su servicio.

En cuanto a los edificios, por lo regular hay un portero que permite o no entrar al visitante. Más vale que lo esté esperando, que se identifique o que sea un familiar para subir a los pisos, los veladores/cadeneros mexicanos garantizan la tranquilidad de los inquilinos.

Son ellos también que distribuyen el correo que llega a cualquier hora, el servicio postal está menos desarrollado que en Francia ya que los mexicanos no acostumbran intercambiar cartas. El correo sirve sobre todo para los envíos de facturas, estados de cuentas bancarias, cartas administrativas por lo que aquí no esperan ansiosamente cartas personales.

Imagino a mis amigos solteros boquiabiertos frente a la imagen de la mujer latina. En efecto las mexicanas son guapas, no muy altas, en su mayoría con tez morena, ojos negros, cabello negro pero también muchachas de piel tan blanca como la mía o casi y no estoy bromeando. En general los hombres son más chaparros que en Francia, casi de la misma talla que sus novias. Arturo con su metro ochenta es una excepción.

México es el segundo país consumidor de Coca-cola, después de los E.U.A. y las consecuencias se notan en la silueta... aprovecho para decirles "salud", esa palabrita simpática se dice también cuando alguien estornuda, entonces salud, porqué no.

Una cosa sorprendente: en una familia clásica como es el caso en ese ejemplo, es decir donde todos los hijos son del mismo padre y la misma madre, fíjese que cuando el hijo habla a su hermana para que llame a su mamá, le dice: "por favor pásame a mi mamá" y "no pásame a mamá" ¡Qué raro no! Ya sé, ¡todo me asombra!, sigamos.

Algo muy simpático: ir al cine. Para empezar son inmensos, gigantescos y también antes de entrar puedes escoger algo para botanear o de plano para comer durante la función.

Tienes las tradicionales palomitas cuyo olor percibes desde la llegada pero por desdicha en general son saladas y las salpican de salsa picante. Además, según lo que quieres, puedes agregar rodajas de jitomate, cebollas (que son dulces mucho menos fuertes que en Francia) y claro, chile. Hay dos tipos de chiles: el verde y el rojo que te pican la garganta tanto uno como el otro.

Si se te antoja, puedes también comer unos "nachos" o chips mexicanos que remojas con un queso fundido y salsa picante.

Además tienes los tradicionales M&M's de los cuales tienen una gran variedad, aquí sí está hablando la glotona, los tienes con almendra, caramelo, mantequilla de cacahuate y cuantos más que no conocemos nosotros.

Después entras a la sala donde los asientos tienen todo para poner tu tentempié y tu bebida. Las salas son muy cómodas, los respaldos ligeramente inclinables como en los aviones, la calidad de las pantallas, de las imágenes y del sonido asombrosa. Un ejemplo a seguir, toda una fila reservada para los minusválidos o las personas de la tercera edad.

Cuando sales del cine, te encuentras en medio de un inmenso centro comercial mucho más grande que los que tenemos.

Aquí hay una verdadera ciudad debajo de la ciudad que está dividida en un número sin fin de estacionamientos subterráneos, cosa normal por todos los coches que circulan y no se puede contar con la buena suerte para encontrar un lugar en la calle.

Los estacionamientos no cuestan demasiado caro. Además los almacenes que están arriba te sellan tu ticket y así tienes un descuento en el estacionamiento.

Hablando de centro comercial, cuando terminas tus compras, hay unas personas de la tercera edad que con el fin de complementar su pensión o unos jóvenes para pagar sus estudios que ponen en las bolsas las compras por unas monedas.

Igualmente cuando sales del estacionamiento, alguien te guía silbando y te ayuda a salir por uno o dos pesos. No es una obligación pero es una pequeña contribución por el servicio recibido.

Acabo de prender la tele. Aquí abundan las telenovelas, series edulcoradas, a partir de grandes sentimientos, amor, pasión y engaños de todo tipo. En cuanto a los anuncios publicitarios son tan largos como los nuestros, a diferencia que aquí promueven los méritos de las cremas para blanquear la piel mientras que para nosotros son las cremas autobronceadoras.

Ya, por esta vez, no los voy a dejar sin contarles una última anécdota: en México le dan un baño espumoso a la lechuga antes de comerla.

En realidad es en la lechuga que se encuentran los gérmenes poco simpáticos para el organismo, entonces se pica finamente la lechuga. En general los mexicanos no comen la hoja de lechuga tal cual, sino que la cortan en tiritas y las lavan con líquido para trastes. Créanme que la primera vez se sorprende uno. Yo tenía un gel azul para lavarla. Piensen en mí la próxima vez que laven los trastes o la lechuga.

¡Mándenme noticias del país por favor, cuento con ustedes!

*

Ya llegamos. Dentro de unos minutos el encuentro con los papás de Arturo, el estrés ¿qué impresión les voy a dar?

Estoy intimidada. Todo el viaje, revisé mis cuadernos de español; leído y vuelto a leer el vocabulario, los apuntes cuidadosamente tomados todas las noches al momento de revisarlo. Finalmente no me desenvuelvo muy bien, balbuceando. Me decepciona mi primera intervención.

Nada que ver con mi conversación de cada noche con María, mi simpática profesora virtual, con ella me iba mejor, claro que no sentía para nada la misma presión.

Me cruzo como un rayo con Marilú, la hermana de Arturo, muy bonita. Todo el mundo es encantador conmigo, amable. Ya es muy tarde, sin embargo distribuyo los regalos que traje, dulces con chocolate, pastillas de mi ciudad Vichy y otros dulces de mi provincia, "foie gras", un cuadro de una artista que me gusta mucho y expone los domingos en los muelles del río Saône en Lyon.

Me caigo de sueño y así como todos por la alegría y también la aprehensión de este encuentro. La mamá de Arturo me preparó el cuarto de Liz, la menor de sus hijas. Ya vive en su propio departamento con su marido, Benito.

*

Un buen regaderazo...

Después descubro el cuarto de Arturo, su universo y algunas fotos de mí que le mandé hace muchos años. Me acompaña hasta mi cuarto, charlamos un rato y todo el mundo a la cama.

Al día siguiente, tiene que ir a trabajar. El plan es que pase el día con su mamá. Hay que saber que los mexicanos tienen solamente, en promedio, diez días de vacaciones al año: es poco, muy poco para nosotros campeones en esta materia, sobre todo que el número de horas semanales es de cuarenta y ocho, eso nos debería hacer reflexionar.

*

Despertar, desayuno que preparó Marilú, su mamá, frutas exóticas cortadas en tiras delgadas, melón, pera, guayaba, papaya, una delicia dulce y jugosa. Ya después salimos a conocer las pirámides, una de las visitas obligadas.

Su mamá es adorable, hace esfuerzos, habla despacito para que la entienda.

Parada en el camino. Pasamos por Guadalupe, o sea Lupita, hermana de su mamá que nos acompañaría todo el día. Luego, una segunda parada para recoger uno de sus nietos, Rafael, "Rafita". Muchachote de tres años, apuesto como un príncipe en su uniforme de la guardería. Rafita es el ahijado de Arturo y de Marilú, su hermana.

Las pirámides de Teotihuacan se encuentran a unos cincuenta kilómetros de la capital. El México actual es el heredero de varias civilizaciones que se sucedieron: los Olmecas y sus numerosas divinidades, los Zapotecas, los Mayas que edificaron muchas pirámides y al final los Aztecas.

*

El sitio arqueológico cuenta con tres pirámides, la del Sol, la de la Luna y el Templo de Quetzalcóatl con la serpiente Emplumada. El sitio se extiende sobre tres kilómetros más o menos a lo largo de una ancha calzada central.

La primera pirámide en ser edificada y que es a la vez la más alta y la más impresionante es la pirámide del Sol que cuenta con dos cientos cuarenta y ocho escalones. Después la de la Luna, menos alta, con gradas menos elevadas, menos imponentes pero difíciles de subir.

Al último el Templo de la Serpiente adornado con esculturas figurando en su mayoría el símbolo del lugar, la majestuosa serpiente con plumas enseñándonos sus colmillos. Visita y panorama fantásticos. Subida en el Templo de Quetzalcóatl cargando a Rafita en los brazos. Antes de irnos, Lupita me regaló como recuerdo de ese buen momento un collar con una bonita piedra morada y Marilú una pirámide tallada en vidrio.

*

Para el equinoccio de primavera los mexicanos acostumbran reunirse numerosos en el sitio, subir las pirámides y levantar los brazos al cielo para cargarse de energía positiva.

Parada para almorzar mi primer platillo mexicano. Para mí, unos huaraches, tortillas ovaladas, algo gruesas cubiertas de frijoles rojos, cebolla finamente picada y queso rayado. Los tapizo prudentemente con salsa verde, hecha con tomates (los que aún maduros se quedan verdes), cilantro, chile y un poco de aguacate.

Muy picosa para nuestro paladar francés, sin embargo realza el sabor de los alimentos. Muy recomendable, pero utilizarla con medida.

Arturo llama a cada rato a su mamá para saber cómo sigue el viaje de las exploradoras. Gozamos del día mientras él trabaja duro...

*

Luego al día siguiente, otro destino con nombre encantador, Guadalajara. El nombre de esa ciudad siempre me llamó la atención y me encantó. Desde mucho tiempo atrás me había propuesto que si venía a México iría a visitarla.

Ahora nuestros primeros verdaderos momentos para nosotros dos solos. No había olvidado poner en mi equipaje un cupón hecho por Arturo y que me había mandado en una carta. Ese vale me otorgaba una noche gratis en un prestigioso hotel de esta ciudad.

Llegando al aeropuerto, fuimos luego a la taquilla de taxis oficiales del aeropuerto. Se aconseja tomar uno de esos, son más seguros que los otros, además se paga el viaje en la taquilla entonces no hay sorpresa de pagar de más al llegar a su destino.

*

El hotel es impresionante. En todo México hay numerosas cadenas de hoteles prestigiosas. Nunca pasé una noche en un lugar tan bonito. ¡Mi cupón valía la pena!

Nuestro cuarto es del tamaño de una suite nupcial con jacuzzi y cama king size.

Tanto a uno como al otro nos impresionó el hecho de volver a encontrarnos en ese nuevo marco de intimidad. Teníamos la sensación de volver a ser los dos adolescentes que éramos cuando empezamos a escribirnos.

Emoción al descubrir su piel, su suavidad, al sentir la comunión de nuestras epidermis uno moreno y el otro claro.

Armoniosa inteligencia de nuestros cuerpos, la alquimia de nuestras personalidades percibía una continuidad muy natural en nuestra nueva unión.

Mi cabeza descansa serenamente sobre su torso y oigo una pregunta llegar a mi oído que me saca de mi feliz sopor.

"¿Quieres ser mi mujer?"

*

Corto flash back...

Para mí el matrimonio, el vestido blanco y todo lo que supone, nunca fueron un sueño de niña. Ser la atracción del día, vigilada, fotografiada, nunca me llamó la atención.

Cuántas veces pensé que un contrato escrito no volvía dos seres más enamorados o más fieles. El compromiso verbal entre dos personas sinceramente enamorados es ampliamente suficiente.

La fidelidad, el respeto mutuo no necesitan dos anillos, tampoco dos firmas para existir.

Pero, frente a esta pregunta se esfumaron todas mis certidumbres y todos mis prejuicios. Ni una duda, porque sí eres tú, lo sé, lo siento, eres tú ahora y quiero que seas tú todo el tiempo. Quiero ver ese cabello tan negro llenarse de canas, quiero que seas el padre de mis hijos y que ya ancianitos todavía sigamos paseándonos de la mano.

"Sí, quiero ser tu mujer"

No puedo ocultar que a pesar de la sencillez pura y sincera de ese momento, creía estar soñando despierta, pregunta y respuesta hacían eco en mi cabeza.

La verdadera felicidad, sencilla como la soñamos de pequeños.

*

A la mañana siguiente, primer desayuno de novios, gran bufete con frutas exóticas para mí y para Arturo un platillo bastante copioso, desayuno cotidiano de los mexicanos: huevos revueltos, frijoles refritos untados en una tortilla -crepa de maíz o de trigo-todo recubierto con una salsa picante, jitomate y cebolla picados.

Descubrir la ciudad, de la mano, y visita del Hospicio Cabañas, antiguo orfanato hecho centro cultural, y su bello patio. Permanecimos en este espacio un buen rato, sentados en un banco frente a un jardín lleno de flores y árboles colmados de frutas.

*

¡Ah! El tiempo nos hizo de las suyas, nunca viví algo similar. Abrazados, besándonos, formábamos una funda, un solo cuerpo transportado más arriba, más allá de aquel jardín.

Extraña impresión, pérdida de las marcas en el espacio y en el tiempo, sin noción del mundo que nos rodea, enclavado en nuestras sensaciones nuevas.

Turbador, realmente turbador, como si nuestras mentes se hubiesen detenido en pausa o en el modo "yo soy el otro, él es yo". Estamos en el mismo camino, sobrepuestos.

Guiños, regreso a la tierra. Verdadero choque como una parada brusca del elevador en la planta baja.

Tal vez pasaron tres o cuatro horas. Regreso a la vida, a los visitantes que nos rodean, verdadera certeza de haber tocado del dedo algo increíble, difícil de narrar.

Guadalajara una ciudad muy bonita, la tercera más poblada del país, estilo colonial con muchos parques y jardines. Ciudad llena de encantos y misterios y que durante una tarde se vistió con un velo suave y ligero. Aquellos momentos que sigue uno recordando tiempo después con la sonrisa en los labios.

*

Y luego, el regreso al D.F., Distrito Federal como se le llama frecuentemente a la ciudad de México. Momento del primer encuentro con la Virgen de Guadalupe, la Virgen Morena verdadero símbolo de la cultura mexicana. La Guadalupana protege a los mexicanos día con día.

La Basílica, Nuestra Señora de Guadalupe es el segundo monumento más visitado en el mundo después de la Basílica San Pedro en el Vaticano. En una plaza inmensa se encuentran la antigua basílica y la moderna. Por su peso la antigua sufrió deterioros a lo largo del tiempo. Se inclina fuertemente de un lado a pesar de las obras de restauración que se hicieron para enderezarla. En cuanto a la nueva, tiene una arquitectura futurista y parece salida de una novela de ciencia ficción.

El fervor de los peregrinos, de la mayoría del pueblo mexicano es enorme. La Basílica nunca se queda sola. Los creyentes vienen a invocarla, agradecerle, pedirle ayuda. Es impresionante ver durante las procesiones la cantidad de personas que vienen para rendirle homenaje. Recorren muchos kilómetros, de rodillas o caminando.

Rodeando la parte principal, una pequeña rampa nos lleva directamente a una pintura inmensa de la Virgen de la Guadalupe. Se llega sobre dos pequeños tapetes eléctricos uno corriendo en un sentido y el otro en el sentido inverso. Así los numerosos visitantes pueden recogerse sin tener que hacer mucha cola y así la gente no puede quedarse demasiado tiempo frente a la imagen de la Guadalupe.

*

Corta parada, para saludar a Liz, hermana de Arturo y a Benito su esposo en su departamento. En mi morral, tengo regalitos para ellos: mermelada de albaricoque hecha por mi mamá y unos dulces de *Auvergne*, mi región natal.

*

Después de esa pausa agarramos la carretera; somos tres con Rafael, el amigo mexicano que había ido a Francia, Arturo toma el volante, yo atrás, hacia un destino cuyo nombre despide aroma a olas del Pacifico: Acapulco.

Nombre encantador; ya siento el estremecimiento de las olas desenfrenadas romperse sobre mi cuerpo, una sonrisa pegada en los labios y la música alegre que sostiene nuestro estado de ánimo festivo.

Al separar mi mirada del paisaje que corre y cambia bruscamente de una región selvática a otra casi desértica, cruzo tu mirada en el retrovisor entre el rosario colgado y el espejo. Es costumbre colgar ahí un rosario para sentirse protegido y también pedir que un eclesiástico bendiga el coche para estar seguro de poder desplazarse sin tropiezo.

Esa mirada... el rectángulo del retrovisor me revela únicamente tus ojos, sin embargo ese corte improvisado me deja sin voz. Puedo contemplarte a placer. Tú, la mirada fija en la carretera y yo impresionadísima por lo profundo de esas dos lagunas negras que se reflejan.

Estoy a gusto y al mismo tiempo aprehendo el momento en que esos ojos profundos decidan voltearse hacia mí. Cuando eso pasa, mi cara se paraliza, el recinto y el paisaje que nos rodea se disuelven repentinamente dejando a solas las ventanas de nuestras almas.

Guardo preciosamente en mí ese momento, una nada maravillosa que es rico sacar a porfía y que hizo de ese recorrido de cuatro horas un paseo al reino de mis sentidos.

*

Llegada en el calor húmedo de Acapulco; un aire pesado, es poco decir. Muy poca brisa, calor del trayecto, los tres anhelamos llegar al hotel para refrescarnos.

La vista desde el hotel es apabullante. Un corte en forma de huso, un número de pisos asombroso, hallazgo de nuestro cuarto y su balcón con vista hacia el océano. En la sombra desde nuestro cuarto gozando la frescura después de una ducha tonificante, saboreamos el paisaje que corta la respiración. Muy pocos turistas en la playa. Por fin una brisa marina nos refresca. Nos quedamos mudos en ese momento que cada uno imprimimos en nuestra mente.

En el programa, la Quebrada, la gran atracción de la ciudad: unos clavadistas suben descalzos un acantilado abrupto y desde arriba se lanzan hacia un espacio estrecho de mar donde surgen rocas aceradas. En cada clavado arriesgan su vida ya que el hilito de agua traído por el flujo del mar es mínimo. En la noche, los clavadistas se tiran con una antorcha encendida lo que hace los saltos todavía más peligrosos.

Solos o en grupo de dos o más, se lanzan, desafían los elementos, y derechos como unas "íes", clavan en el mar su cuerpo vigoroso.

*

Después la primera discoteca al aire libre donde las bebidas baratísimas garantizan un despertar al día siguiente, "aspirinas a discreción" para todos los vacacionistas en busca de alcohol local...

Teniendo una predilección por los cocteles, por la piña colada sobre todo, pido una y me asombra el vaso enorme y muy lleno que me sirven. No sé exactamente lo que se festejaba ese día pero ofrecían dos copas por el precio de una. ¡Imagínese casi un litro de piña colada por un euro cincuenta!

Al día siguiente tuve mi primer encuentro con el Océano Pacífico que para la ocasión se había vestido de gala. Olas descomunales, imposible nadar tranquilamente, al contrario era como una lucha con él, los pies metidos profundamente en la arena tratando de no ser lanzada en el aire por su furor.

Muy revitalizador, deportivo. En pocos minutos me encuentro con el traje de baño lleno de piedritas que el océano me había regalado como recuerdo. Hay que reconocer que salir del agua con ese cargamento no era muy elegante para una señorita. Entonces me apresuré a deshacerme de esos intrusos para volver a encontrar una silueta más femenina y menos pedregosa.

*

El remate final de esos días en la costa del Pacífico fue una cena en un pequeño restaurante típico muy conocido por sus especialidades de mariscos, llamado Pipo's.

Llegada de tres mariachis empezando a cantar. Se veían simpáticos y convencieron a Arturo que me ofreciera mi primera serenata mexicana. Sentirme en la mira de todo el restaurante me intimidó poquito pero ante todo me conmovió ese bonito obsequio.

Como nuestro fin de semana en Acapulco, el pequeño concierto llegó a su fin con la canción "Bésame mucho".

El regreso a la capital fue ritmado con paradas muy agradables, sobre todo en Taxco, pequeña ciudad con sus casas blanco y rojo, donde la joyería y la artesanía de la plata son los reyes. Una bonita catedral se alza en el aire, el color rosado de su piedra resalta sobre el azul nítido de un cielo sin nubes. Momento lleno de emoción pura, de sobrio recogimiento y de ternura que desentona con el carácter cargado y grandilocuente del lugar.

*

De regreso a la capital, nos encontramos frente a los camiones verde y blanco, abollados corriendo a toda velocidad con el fin de subir más pasajeros, deteniéndose en cualquier lugar, en las paradas establecidas o donde sea.

Hay que saber que el verdadero salario del conductor depende del número de viajeros que levante en el transcurso del día, lo que acarrea numerosas paradas repentinas y peligrosas. Si no lo dejó satisfecho el último cerrón del animal verde y blanco, en cada camión está pintado el número de teléfono del servicio de quejas al cual recurrir.

*

Uno de los sitios turísticos más famosos al cual no pueden dejar de ir es el Zócalo o Plaza de la Constitución, principal plaza del centro de la ciudad que circundan la Catedral y unos edificios del gobierno y que domina una bandera mexicana inmensa que deja flotar muy alto los colores de México. Imponente, levantada en un gigantesco poste de metal, la bandera, orgullo de todo mexicano es todavía más honrado en este período de las fiestas patrias.

El 15 de septiembre es el Día de la Independencia; días antes, el país se engalana de banderas, los aparadores de las tiendas se embellecen, brillan, los edificios visten su traje de gala. Incluso los coches, gracias a un tubito de metal que pegan en la ventanilla, reciben como ofrenda y con toda la devoción merecida, una banderita. Y así cada uno muestra su orgullo por ser mexicano.

*

¡Qué rápido pasaron esos días tan esperados! Al mismo tiempo siento que los vivimos plenamente, serenamente, tranquilamente o según la hora mucho más apasionadamente.

Las maletas están listas, bastante difícil cerrarlas porque regreso a casa cargando tantos regalos como cuando llegué. Hasta tengo que dejar a Arturo unos zapatos que no encuentran suficiente espacio para caber; como una prenda para mi futuro regreso.

*

¡Me siento ligera!

Ya llegó la hora del regreso, separarse otra vez nos dejo con un hueco el estomago, sin embargo serenos uno como el otro, ya que ambos sabíamos que nos volveremos a ver, que tendríamos un largo camino por recorrer juntos, con nuevas bases, siguiendo nuestras vidas sobre una melodía común.

Muy gentilmente Liz acompañó a su hermano para los "hasta luego".

Antes de salir me compraron chocolates rellenos de crema de caramelo y tequila.

Gran error... desde entonces soy una adicta a esos ricos chocolates. No empalagoso, sabor rico. Los hay de tequila, baileys o whisky; en pocas palabras una delicia para el paladar y un suplicio para mis muslos.

*

Me instalo en el Boeing, pensando en otra cosa, mi bomba de vida sin saber qué tocar: melodía animada o sonata con notas lloronas.

Una mirada fugaz a mis vecinos; estoy sentada en el asiento de en medio, a mi derecha una joven mexicana y a mi izquierda un señor elegante con su traje gris luminoso.

Una vez terminadas las consignas de seguridad, me pongo a escribirte una carta impulsada por una inspiración feroz. Consignar en el papel lo que siento en ese momento, esa gran euforia, ese giro que simboliza ese viaje, tu petición de mano y también la angustia de anunciarlo a mis padres.

*

Mientras voy llenando una tras otra las hojas que encuentro, totalmente sumergida en lo que escribo, apenas oigo la azafata acercarse para servir algo refrescante.

Le contesto en español: un jugo de naranja.

Mi vecino me entrega el vaso y me pregunta de donde soy, ya que escribo en francés -miró de reojo mis garabatos-, contesto a las azafatas en español o en inglés cuando piensan que soy gringa.

Le explico que soy francesa y nuestra conversación empieza así: "¿por qué vino a México?" y si me gustó México. Le platico el propósito del viaje y la petición que llevaba conmigo. Te llamas Ricardo y eres la segunda persona fuera de mi familia en saber que nos vamos a casar.

La primera fue Marie Steph, mi amiga de la escuela de Bellas Artes quien festejaba su cumpleaños mientras estaba en México. La llamé para felicitarla y al mismo tiempo participarle la gran noticia. Me respondieron unos llantos entrecortados. Confieso que no era la reacción que esperaba.

Estaba feliz por mí pero, creo, sacudida por la emoción al realizar lo que significaba esa petición, una futura separación.

*

La comunicación se enlazó luego con Ricardo, entusiasta y alegre, hablar con él de nuestra historia y otros temas muy diversos, de nuestra profesión y de la de Arturo, fue muy sencillo.

Era muy chistoso: Ricardo iba a visitar un amigo en Suiza que tiene un alto puesto en Holcim, una empresa cementera suiza. Arturo, trabaja en la competencia mexicana, Cemex y yo, francesa defendía de una cierta manera nuestra bandera tricolor con la empresa Lafarge. ¡Situación divertida!

Intercambiamos direcciones, prometimos estar en contacto, sobre todo de mi parte para contarle la reacción de mis padres al conocer la noticia.

*

Llegada sin tropiezo a casa, desde el camión llamadas a los cuates para comunicarles con detalle mis primeras impresiones, pero nada sobre el matrimonio. Les debía a mis padres la primicia. Tenía que esperar hasta el fin de semana siguiente para poder abrirme.

Sabía ya el aprecio y el cariño que le tenían mis padres a Arturo, el pequeño Arturo, "*le petit Arturo*" como lo llama mi mamá con ternura. Siempre les hice compartir a grandes rasgos de sus cartas; es parte de la familia desde hace mucho tiempo, sin embargo, de ahí a aceptarlo como yerno, no sabía cuál podía ser su reacción.

Lo más duro, sin duda, iba a ser la segunda parte de la noticia, difícil aceptar que su única hija se fuera a vivir a miles de kilómetros. Era sencillo anunciarlo en cuanto a los vocablos, cabía en muy pocas palabras pero integrarlas requería mucho más tiempo.

*

El dichoso fin de semana llegó bastante rápido, tal vez más rápido de lo que me imaginaba, vacilante entre la alegría de anunciarles esa gran felicidad y la aprehensión que me oprimía.

Me acuerdo haberles dicho un tradicional: "Tengo que hablarles, vamos al salón, estaremos más a gusto". Claro, con una cara me contestaron interrogantes pero aceptaron.

Con calma les dije las cosas como las habíamos vivido, esa evolución mutua, que ni él ni yo somos unas cabezas locas, que a pesar de la prontitud de los hechos, lo habíamos pensado mucho, que nuestra determinación y nuestro amor eran capaces de derivar todas las dificultades que tal vez se presentarían en nuestro recorrido.

Mi papá me dijo que había notado algún cambio en mí después de mi viaje a París y Londres y sus sospechas se habían acentuado con ese viaje a México decidido en un abrir y cerrar de ojos. Lo había platicado con mi mamá que había pintado su raya.

*

Los dos se alegraron sinceramente de la noticia. Siempre tuvieron a Arturo en un pedestal, muchacho serio, atento, respaldándome a través de sus cartas. Claro que hubo lágrimas pensando en la futura separación, un país desconocido, costumbres y alimentación diferentes, alejada de mi familia y de mis amigos.

No negaba ese hecho irrefutable, vivir tan lejos sería muy difícil pero los tranquilicé diciéndoles que no estaría sola, que Arturo estaría ahí para cuidarme, que estaría con el hombre que había escogido como compañero de mi vida. Mis padres aprobaron y me confiaron que preferían saberme feliz allá lejos que allí sin ilusiones y que si esa era mi elección se alegraban por nosotros.

*

Una vez dada esa noticia, me quedaba todavía una gran tarea, platicarlo con mis abuelos maternos. Los tres, siempre fuimos muy cercanos. Mi Abuelita/Mamie Thérèse quien por coquetería, quiere, desde siempre, que le diga *mamie* porque se oye más joven que *mémée* y mi Abuelito/Papi Daniel.

Cincuenta y seis años de matrimonio, gran ejemplo para las nuevas generaciones de "úsese y tírese" sin emoción. Cuando era chica los visitaba cada miércoles a medio día.

Me preparaban un estupendo bistec con papas a la francesa, patas de puerco empanizadas, hígado de ternera con perejil o, mucho menos apetecedor, sesos de no sé qué animal.

Todavía ahora, saboreamos con delicia los productos que crecen en el jardín de mi abuelito: lechugas, ejotes, chícharos, jitomates, fresas sabrosísimas o también platillos ya guisados listos para recalentar y sentémonos a comer: caldo de res, cerdo salado con verduras...

Desde muchos años, mi abuela padecía de problemas de articulaciones. Me quedaba con ellos casi todas las vacaciones de verano y por eso conozco muchas estaciones termales: *Dax, Amélie les Bains, Cambo les Bains, Jonzac...*
Iba de pesca con mi abuelito, también al mercado, a la alberca y tomábamos el trencito, con mi abuelita, hacía mis tareas del cuaderno de vacaciones, diario una página, ella me contaba historias, chistes, muchos chistes, le gusta bromear.

Mis abuelos me impresionan, fácilmente se les calcula diez años menos de los que tienen. No descansan, siempre activos, no pueden quedarse quietos. Hay que creer que eso conserva; muchas caminatas, el tradicional baile de la tarde del domingo. Los dos tienen mucha clase: camisa con corbata para Don, elegante blusa, collar y aretes a juego para Doña y a girar jóvenes: vals, pasodoble ¡nada los detiene!

Sin olvidar, porque el amor se cultiva, sus atenciones cotidianas reinventadas durante todos esos años. Mi abuelito prepara el desayuno de mi abuela Thérèse cada mañana y se lo lleva a la cama; cada 1º de mayo le ofrece un ramo de lirio de los valles... Son inseparables.

Les afectó mucho a los dos como a nosotros la muerte de mi abuelo Lucien. Después cuidaban a mi abuela Denise con mucha ternura: le llevaban muy buenas verduras del jardín que, excepto las papas, no le interesaban mucho, iban todos juntos al supermercado, de paseo o a la casa de campo. Fue una gran conmoción también para ellos cuando se fue. Se nos salen las lágrimas cuando hablamos de ellos.

Me acuerdo, cuando subía al cuarto de mi abuela, me ponía a revisar vocabulario y me enseñaba canciones. Curiosa por naturaleza, le divertía esculcar entre mis cosas de la escuela en busca de un secreto escondido.

Cuando me quedaba a dormir en su casa, me acomodaba en el antiguo cuarto de mi mamá, con sus tapicerías castañas y grandes flores anaranjadas, el estilo de la época. El ropero estaba lleno de las fotos de su cantante preferido cuando era adolescente, un tal Gérard Lenormand.

En la noche veíamos la tele o el partido de fútbol arropados en un cobertor de lana. Sepan que todos, por generaciones, somos fans de los Verdes de Saint-Etienne. En una palabra no iba a ser fácil anunciarles la noticia. Sí conocían a Arturo, pero de lejos. Mi revelación levantó una lluvia de preguntas: ¿Qué hace en la vida? ¿Sus papás? ¿Sus hermanas?... Sin embargo la idea de la separación, otra vez, oprimió los corazones y los ojos se les pusieron rojos. Como todos nosotros necesitaron tiempo para acostumbrarse.

*

Si el "pastel de bodas" estaba ya casi completo era todavía muy importante darles la noticia a mis jefes. De cierta manera ellos eran los dos muñecos que se colocan en la cúspide del pastel. Es decir que sin ellos, el suculento postre pierde su armonía, no está completo.

*

El trabajo es una pieza esencial de mi equilibrio, soy una verdadera apasionada, me fascina entregarme a algo que me gusta, para las personas que estimo y es el caso de nuestro equipo. Un equipo que no deja de crecer, cuyas raíces se fundan en las relaciones humanas, flexibles en su conjunto lo que, en el medio de la mercadotecnia, es bastante difícil de encontrar.

Por eso el júbilo, sin saber su reacción todavía no era total. En Londres, había dicho que podría dejar mi trabajo por el hombre con quien pasaría mi vida. Ya había tomado mi decisión: primero tú y si el trabajo no podía seguir, habría que abandonarlo en contra de mi voluntad, pero sí dejarlo.

Sin darme por vencida antes de la batalla, coloqué todos los argumentos comprobando que podría seguir trabajando desde México, planificando el prototipo de un día de trabajo, tratando de anticipar los puntos negativos con el fin de saber argumentar.

A decir verdad, no se los hubiera propuesto si no me hubiera sentido capaz de hacerlo o si lo hubiera considerado imposible. Necesitaba una computadora, una excelente conexión de Internet, un casco, un software para conversar con mis clientes en directo. Verifiqué cuánto costaría al mes ese sistema. Los precios eran muy competitivos. El mayor problema eran los horarios, la diferencia de horarios.

Siete horas menos en México; nuestros clientes, a pesar de toda mi buena voluntad, no podrían encontrarme en las mañanas. Había que buscar una solución. Era indispensable que los clientes pudiesen contactarme desde las dos de la tarde es decir para México desde las siete de la mañana, hora mexicana. Propuse capacitar una de mis colegas, que podría atender al cliente que necesitara contactarme por la mañana. Así, según la urgencia, podría tratar directamente con él o invitarlo a contactarme a partir de las dos de la tarde. Todo estaba escrito, leído y vuelto a leer.

Creo que me comporté de manera un poquito cobarde al mandarles todo eso por mail. A decir verdad me desenvuelvo mejor escribiendo que hablando. Hablando me hubiera vencido el sentimiento de tan importante que era la apuesta. Posteriormente, tendría, claro, una entrevista cara a cara con ellos, pero mientras tanto lo más importante del trabajo ya estuviera hecho.

Después de una junta durante la cual salvas de preguntas estallaron de todos lados, me dieron su confianza y aceptaron hacer una prueba durante tres meses. Al pasar ese plazo, si no recibían quejas de parte de los clientes por el cambio seguiríamos entonces con ese sistema.

Asunto concluido, ligera como una burbuja de jabón, me sentía realizada, completa, serena. Organizaría todo, haría lo propio para que no tuvieran que lamentar su decisión.

*

Una vez anunciada la futura boda, había que prepararla en siete meses; en general las parejas empiezan los preparativos con un año de anticipación; ¡la cuenta regresiva ya había arrancado! Para empezar, los dos elementos esenciales: el vestido y el banquetero.

Empezamos con el ajuar. No sé porqué me imaginaba en un vestido con un gran escote, algo como una blusa escotada. Ni siquiera sabía si eso existía ya que nunca había visto uno así antes, salvo en mi prolífica imaginación.

Mi mamá encontró una diseñadora que producía ese modelo y, suerte, tenía un representante en Lyon. Hicimos una cita en la tienda para una prueba. Entonces Mamá vino a Lyon para aconsejarme sabiamente. Siempre tuvo un juicio muy seguro, sin ninguna hipocresía. ¡Más vale que te hablen con sinceridad para no verte como costal de papas el Gran Día!

Llegamos a la cita antes de la hora y aprovechamos para ver los vestidos que estaban en exhibición. Inmediatamente le echamos el ojo a un conjunto, un corpiño y una falda tipo gitano hecha de varias telas sedosas algo transparentes.

Primera prueba: el vestido con gran escote, una decepción. Se veía fabuloso en el maniquí pero no iba para nada con mi morfología. Bastante púdica por naturaleza, era demasiado escotado para mí. ¡Mis futuros padrinos hubieran podido echar a gusto un ojo en una gran parte de mi anatomía!

Entonces pedimos que nos enseñaran el vestido estilo gitano. ¡La revelación, el flechazo! Unanimidad del lado de las vendedoras, claro que no era con toda objetividad, pero también de parte de nosotros. Por otro lado, me sentía muy a gusto adentro.

Además tenía un detalle que lo diferenciaba de todos los que había visto: una especie de chal hecho en la misma tela de uno de los paños del vestido, de una tela suave pero consistente con el que podía cubrir mis hombros. Daba un toque elegante a la espalda y remataba el conjunto con un toque refinado: la vendedora nos propuso otros modelos con corte casi idéntico, probé dos más para darle gusto, pero de plano el vestido gitano tenía la aprobación de todas.

No fue necesario ir a ver otra tienda. Cuatro pruebas y asunto concluido. Justo antes de la boda habría dos pruebas más por si a caso se necesitara retocar. Ante todo para que el vestido quede exactamente a mi medida y la segunda prueba, poco antes del Gran Día para asegurarse que con el estrés la novia no haya perdido o ganado unos kilos ¡Eso depende del temperamento de cada quien!

*

Ahora, el banquetero, algo esencial para que todo salga bien. En general es un factor sobre el cual los invitados son muy exigentes. Juzgan la cantidad y la calidad, si los platillos son originales, servidos calientes y abundantes; si se quedaron con hambre... Estábamos advertidos, ¡no podíamos equivocarnos con lo de la comida!

Búsqueda en Internet de los banqueteros de la región, sacar cita para probar platillos que esperábamos sabrosos. Hay que reconocer que probar y saborear esos manjares ¡no fue un castigo! Nos conquistó un joven chef muy simpático que preparaba platillos copiosos hechos con productos de primera y presentados muy cuidadosamente.

En el menú: "foie gras", higos y pan de miel, pero mejor le doy la lista de los bonitos nombres que el chef da a sus platillos ya que sólo con leerlos se le hace agua la boca.

- Medallón de "foie gras" de pato al Armagnac; puré de higos con vainilla y su pan de especies (vino: Sauternes).

- Filete de besugo real en cazuela con machacado de jitomate y albahaca (vino: Chablis)
- Raspado de toronja rosa con Tequila.
- "Magret" de pato rostizado con higos, miel, chabacanos secos con guarnición de verduras (vino: Gigondas)
- Charola de quesos
- Sinfonía de postres y el pastel de bodas (Champaña)
- Bufete de café.

Para la vegetariana que soy y para los invitados que lo son también, el siguiente menú presentado por el chef:

- Mil hojas de cangrejo y guacamole, vinagreta de soya y hierbas finas
- Costalito de vieira y mantequilla con sidra de manzana.

Para una pausa digestiva nos ofrecieron *"le trou normand"* (en la región de Normandía, es una pausa en medio de una comida durante la cual se toma un digestivo para la digestión y seguir comiendo) pero en vez de un helado manzana y calvados -un alcohol de manzana-, saboreamos un helado de toronja bañada con tequila. Lo curioso es que fue una de las tres sugerencias del Chef que ignoraba de donde era Arturo pero en honor a la patria de mi futuro esposo; claro escogimos la toronja/tequila. ¡Bonito detalle!

Una comida francesa no está completa si no incluye el famoso queso acompañado esta vez con lechuga y pan de nuez. Una pastelería se había encargado del postre pero, mis papás me guardaron la sorpresa.

Para que Arturo participara lo más posible en los preparativos de la boda, saqué fotos de todos los platillos, de la selección de servilletas, de manteles, de la decoración, para que así nos pudiera dar su opinión sobre las diferentes sugerencias.

*

En cuanto a mi peinado sería muy simple, sin adornitos, el pelo suelto con una flor de un lado, una orquídea, natural y romántico, eso era la idea.

Sin collar, unos aretes sencillos, en tonos azules. Siendo el azul nuestro color preferido de Arturo y mío, se decidió que sería el color de los accesorios de la boda, decoración, mesas: blanco y azul.

*

Poco a poco nos pusimos de acuerdo para la decoración de las mesas: bonitas servilletas azul oscuro con bies dorado, y un mantel en los mismos tonos. En cuanto a las flores, al igual que mi ramo, serían unos alcatraces. Mis papás consiguieron botellas de agua mineral azul oscuro que una vez vacías se transformaban en bonitos floreros alargados y con el cuello abierto, capaces de recibir un alcatraz y un poco de follaje.

Encuentro esa idea simpática, que todos los invitados se vayan con un recuerdo de la fiesta. Un cliente de mi empresa es especialista en fabricación de dados redondos, dados que igual que sus homólogos cuadrados, dan vueltas y al final indican una cifra. En un estuche transparente, cada invitado recibiría dos dados redondos, uno azul oscuro con puntos blancos y otro blanco con puntos azul oscuro. En el estuche estarían inscritos nuestros dos nombres y la fecha.

Un domingo, paseándome en los muelles del río Saône, me detuve frente a un puesto que vendía perlas de vidrio con reflejos azulados y traslúcidos. Con forma ojival, plana, al exponerlas a la luz cada una difundía colores deslumbrantes. Pensé que, dispuestas en un mantel blanco, el efecto podría ser estupendo. Con un hilo en el centro de la perla, también se podía hacer un collar. Asunto concluido.

Por fin un elemento típico de nuestras bodas francesas: los dulces, las peladillas. Serían como la decoración, blancas con almendras, azules con chocolate, en una bolsita azul oscuro, traslúcida cerrada con un listón azul del que colgaría una tarjetita con nuestros nombres y la fecha.

Todo se organizaba. Papá se ocupaba del vino y del champaña. Para satisfacer las gargantas siempre algo secas en esas fiestas, podrían deleitarse con uno de esos vinos: Sauternes, Chablis, Gigondas y Champaña.

*

El salón de fiestas de mi pueblo estaba disponible el día previsto. Acababa de ser renovado, era amplio, convenía maravillosamente para bailar hasta el amanecer.

Un amigo adorable con quien siempre podía contar y que tiene un lugar privilegiado para toda la vida en mi existencia, Lionel A. por no nombrarlo, director artístico de profesión, con mucha gentileza y talento realizó nuestra invitación. Tenía algunas ideas pero él supo plasmarlas en el papel y mejorarlas.

La invitación, algo original, cuadrada, con fotos de nosotros dos, de niños y adultos y para concluir este tema: "las únicas barreras infranqueables son las que se impone uno a sí mismo". Un gran éxito.

Ya que me fascina experimentar, tantear, pintarrajear, seré la encargada de decorar los sobres. Me decidí por un sello con rodillo figurando dos alegres novios. La técnica sería: tomar el sello, cubrirlo de polvo para eso y estampar la huella en el sobre. Hasta ese momento, nada trascendental pero una vez calentado con una especie de secadora de pelo super potente, el polvo dejaría apreciar en relieve el modelo azul brilloso. Después al pasar encima el dedo se sentiría el decorado.

En Internet había encargado unas estampillas personalizadas con nuestra imagen, color sepia que, según yo, deberían armonizarse con el azul del dibujo de los novios.

*

Revisemos: vestido OK, banquetero seleccionado, invitaciones aceptadas, sólo quedaba imprimirlas. Salón de fiestas apartado, decoración de las mesas en proceso.

Pendientes: ir a ver el párroco, comprar las argollas, alojar los amigos, contratar el fotógrafo, hasta un camarógrafo para inmortalizar el momento (todo depende del costo), encontrar un DJ para el ambiente, avisar a los que iban a ser testigos, encontrar un traductor en español para los textos oficiales y la gran tarea; la lista de los invitados y la organización de las mesas.

*

Encontré en una joyería de mi ciudad, Vichy, unas argollas que me gustaban. Iríamos después con Arturo para ver si lo convencían. Ya que el intercambio de las argollas sería en México durante la boda religiosa, teníamos todo el tiempo para encargarlas.

Sin embargo íbamos a tener unos anillos para la ceremonia. Por tradición Arturo me ofrecería un anillo de compromiso con un diamante. Yo escogí uno para él bastante design en titanio.

El fotógrafo, he aquí un personaje clave para el buen desarrollo de una boda, tiene en sus manos los recuerdos que se conservaran durante años, que la familia, nuestros hijos contemplaran con mucha emoción. La elección fue fácil gracias al azar de un mail.

Un día, Delphine, una amiga de Saint-Etienne mandó un mail a todos sus amigos; soy una de ellas. Un tal David me contestó, pidiendo noticias; no lo conocía, me había confundido con una de sus amigas. Una vez aclarado el error, simpatizamos, seguimos intercambiando mails y nos volvimos cuates.

David, profesor de educación física de profesión y por pasión, tenía otra, al principio como pasatiempo durante los fines de semana, fotógrafo de bodas.

Durante más de un año me mandó muestras de sus fotos que sobresalían al lado de todas las que había visto hasta entonces. Descentradas en un justo ángulo, es verdad que las fotos de boda son en general kitsch, tiesas, estiradas.

Poco a poco se volvió totalmente profesional y aprecio su trabajo, con una debilidad por sus creaciones en blanco y negro y sus sepias.

Cuando llegó el momento de escoger a un fotógrafo, no dudé: era él. Además como no me gusta que saquen fotos de mí, por eso pensé que un amigo experto en la materia sería de mucha ayuda para Arturo y para mí. Fotógrafo: asunto concluido.

Por otra parte, mi mamá me comentó que para la boda de su hijo, una amiga de ella había contratado a un excelente camarógrafo que fascinó a los novios. Nos comunicaron sus datos y sacamos cita con él en un bar de Clermont-Ferrand.

Christophe, así se llama el joven. Le conté nuestra historia que luego lo emocionó, lo conmovió y lo entusiasmó. Nos enseñó sus últimas realizaciones, y unas películas que había filmado. Le dimos carta blanca, podía dejarse llevar por su creatividad; cualquier toque en su cometido sería bienvenido.

Hablaba con pasión y mucha sensibilidad de su profesión, del cuidado con el cual realizaba sus películas, de todo el tiempo que le consagraba hasta obtener los resultados que buscaba... En eso me reconocí cuando años atrás me apasionaba la realización de mis proyectos en la escuela de Bellas Artes.

Christophe, ¡bienvenido al equipo! Escogimos muy bien. Nos grabó un DVD increíble, hecho con esmero que vemos cada vez con deleite.

*

A través de los retratos anteriores pudo conocer las gentiles y diligentes hormigas que colaboraban y/o colaborarían en los preparativos de ese Gran Día, el día D, "*le jour J*" como lo llamamos en Francia.

Voy a presentarles otras que hicieron una labor sobrehumana.

Era preciso encontrar buenas ideas para alojar a la mayoría de mis amigos. Algunos residían en la región pero la gran mayoría venían de Lyon o de sus alrededores y había que albergarlos a todos.

Sería según el gusto de cada uno. Podíamos proponer unos hoteles o podían quedarse en Lapalisse, la casa de campo de mi infancia. Los que acostumbraban hacerlo, (Karim, Laurent, los dos Lionel, Elvis, Damien entre otros) conocían el lugar y también los que no eran muy quisquillosos en cuanto a la comodidad (la mayoría de los compañeros del trabajo).

Tuve anteriormente la oportunidad de contarle que, desde mi niñez, siempre se respiraba en esa casa un ambiente sereno, tranquilo, cargado de risas de múltiples días de pesca y muchos ágapes.

En su origen, la casa era una vieja granja en ruinas que mis dos abuelos, Lucien y Daniel, restauraron. Rodeado de prados, de lagunas, de niña pasé ahí la mayoría de mis vacaciones de verano, después fue el marco de todas mis fiestas de cumpleaños, con y sin alcohol según la edad. Es el lugar ideal para fiestas, se pueden poner la música a todo volumen, no vive ningún vecino cerca.

Cuando pienso en la casa, tengo recuerdos-flash de fuego crepitando en la chimenea, de pasteles de mi abuelita Denise, de pizzas que intentábamos calentar en el horno caprichoso, de los cocteles elaborados en casa, "sangría", "caipiriña", de carnes asadas cuando lo permitía el clima, de ricas pachangas, de los mosquitos tan grandes como una mano, de los atrapamoscas pegajosos, de los abrevaderos demasiado hospitalarios, de torna fiestas algo mareados, de cadáveres de botellas que bolsas de basura iban a engullir.

Anhelaba asociar esa morada que representaba también a mi abuelito Lucien y a mi abuelita Denise, a la gran fiesta.

*

Esa idea era muy simpática pero en la casa había cuatro recámaras, un sofá y colchones que podían recibir unas diez personas no muy exigentes en cuanto a la comodidad. Estábamos lejos de la cuenta.

Es cuando salieron a escena mis pequeñas hormigas diligentes: mi tío Raymond llamado Bilou, su esposa Flo, sus dos hijos, mis primos adorados, Valentín y Aurélie y también nuestros valientes amigos de París, Olive, su esposa Cathy y sus hijos Thomas y Maud. A esta alegre tropa hay que agregar mis abuelos y mis papás, sin olvidar Praline, la perra de mis tíos.

Realizaron todos un trabajo fabuloso, haciendo de "*Vacabon*", nombre de la casa de campo y del sitio, un lugar mágico para acabar la fiesta y reunirse el domingo.

La casa "estrenó traje", se retocó con una buena mano de pintura blanca. El camino para llegar a la casa cubierto de pasto (que se volvía lodo pegajoso cuando llovía) lo abrieron y lo volvieron a cubrir con toneladas de grava. En el antiguo invernadero donde crecían hierbas salvajes, se aplano el piso y lo recubrieron con cemento para complacer a los futuros bailadores y abrigar la comida el domingo. Unas magníficas glicinas cubrían como coronas moradas el bello conjunto.

No olvidaron la iluminación. Una red eléctrica completa subterránea fue muy bien pensada e instalada para que al caer la noche, la finca se encendiera con mil luces. Para terminar, el antiguo establo también fue readaptado para recibir a los futuros invitados con sueño.

Apenas reconocible… Un gran sombrerazo, por todas esas horas de trabajo para remozar la casa y el invernadero.

*

Gracias a unos conocidos, conseguí la dirección de un DJ que parecía trabajar bastante bien, discreto pero poniendo ambiente según decían.

Sin embargo quería, personalmente, investigar de qué música disponía. Buen feeling, muchacho agradable, que captó inmediatamente nuestros gustos, habría para todos: vals, tango para los abuelos, rock, música animada, sin olvidar las melodías españolas y mexicanas para que todo el mundo estuviera satisfecho.

Anthony, ¡contratado!

*

Tranquilamente las cosas se fueron dando; aunque por lo general somos una familia de estresados.

Entonces el 5 de mayo sería la boda civil con una bendición en la iglesia, a un año, día por día, después de mi primer encuentro con Arturo. En esa pequeña iglesia de Abrest se casaron mis abuelos paternos, es donde también mi tío y mi papá hicieron su primera comunión, ¡cuántos símbolos!

El párroco del pueblo de Abrest iba a retirarse y por eso me mandaron con un diácono, el Sr. Chaillot. Una persona que daba confianza, simpático y con buenos consejos. Seguimos con él, el tradicional curso prenupcial. Tuve que ir sola al curso; Arturo estaba en su país durante todos los preparativos.

Es bastante original asistir sola a esas juntas en medio de muchas parejas más o menos emocionadas con recorridos diversos, de diferentes orígenes. Como siempre, contaba con mucha emoción nuestra historia.

A la salida de las juntas -durante las cuales tomaba apuntes para Arturo, con el fin de no olvidar nada- corría a conectarme al Internet para comunicarle los temas que habíamos abordado.

Más tarde se escogieron los textos que habrían de ser leídos durante la bendición y se buscó su equivalente en español. Era un punto de honor que la mayoría de nuestros invitados mexicanos pudiesen entender los momentos cruciales de la ceremonia.

Preparé entonces para cada uno de ellos unos folletos con, según el orden cronológico, los textos que serían leídos en francés para que todos se sintieran integrados al desarrollo de la ceremonia.

Faltaba la música, para la llegada a la iglesia, durante el ceremonial y para la salida. A la llegada sería *Hallelujah* de Jeff Buckley, una canción que te sacude y exalta, después el ritmo festivo y animado de Butterfly Ball con *Love is All* para la salida. El encargado de los cambios en la música, otra vez, Lionel, ¡mi genial amigo multicachuchas!

*

Los testigos serían, por mi parte, mi amiga de siempre (o casi) Céline con quien compartí mis penas, nuestros anhelos, grandes alegrías o profundas amarguras. Tú, Céline, que seguiste mis correspondencias con Hélène, Kostas, Romy y Arturo, tu que estuviste también cuando nos encontramos por primera vez en París.

Y Marie-Stéphanie, llamada *"puffette"* mi amiga cuyas ganas de "morder a la vida" no dejan de impresionar.

Para ti, Arturo, sería tu cómplice, tu carnal Jorge, mi amigo también, que al igual que Céline estuvo en la primera fila durante la escapada parisina.

Testigos de nuestro encuentro. Testigos de nuestra unión.

*

Corríamos con suerte, los amigos mexicanos iban a ser muchos. Para empezar tus padres, tu hermana mayor, después Norma su mejor amiga, tus amigas Tomoko y Pilar y tus compañeros de Cemex: Grethel, Bernardo y tu increíble y adorable jefe Homero. Por desdicha iban a faltar tu hermanita Liz y Benito su marido.

*

Me reúno con el presidente municipal que nos iba a casar; le cuento la historia de nuestra pareja atípica; le informo que el futuro esposo se presentaría ante él justo unos días antes de la boda porque sigue viviendo a unos miles de kilómetros de Francia.

El Sr Alcalde me sorprendió cuando me dijo que el día de nuestra unión, diría, en honor a los mexicanos, unas palabras en español. Muy linda atención de su parte.

Para los textos oficiales, nuestra traductora sería la novia de un amigo, Ludovic. Angélique hizo un trabajo estupendo al traducir de improviso los textos que iba a leer el Presidente municipal. Hizo también un verdadero trabajo de intérprete simultánea al traducir los mensajes de Jorge y de los testigos dirigidos a nosotros.

*

Hasta este momento todo iba sin tropiezos. Quedaba la última recta: la selección de los invitados y la disposición de las mesas. Un verdadero rompecabeza para colocar a los comensales sin herir sensibilidades. ¿Quién se llevará mejor con quién? Dilema.

Papá nos hizo los planes en unas hojas y con etiquetas. Después de tachones, correctores, finalmente logramos colocar a todo el mundo. Unos invitados asistirían únicamente al vino de honor, otros se quedarían con nosotros durante la velada.

*

¡Sorpresa de casi último momento! Además del DJ, íbamos a tener el gran privilegio de contar con nosotros un grupo en vivo. El cantante Gautier, mi colega y gran amigo de Saint-Étienne, me hizo ese gran regalo. Seguido, me contaba que acababa de dar un concierto en un bar pero, por timidez y temiendo que sus amigos le fueran a ver cuando no se sentía todavía en su máximo, siempre nos lo contaba después de dicho concierto.

Que haya aceptado tocar para nosotros, me conmovió. Muse, los Red Hot, los Smashing Pumpkins y muchos otros, gracias a sus talentos y los de sus acólitos participarían a la fiesta. ¡Qué rocanrol en perspectiva!

*

No hay que olvidar, la magnífica atención de mis dos colegas y amigas, Blandine y Estelle, que abrieron una página Internet con fotos de los futuros esposos, bebés, luego niños y hasta hoy día. ¡Espléndido resultado!

Una rúbrica era dedicada al novio para permitirle expresarse sobre nuestro encuentro, nuestra futura unión. He aquí sus palabras:

"Realmente, no sé dónde empezar, cuando me han dicho que existía una sección en la página para que plasmara unas palabras, ufff, no he sabido qué escribir, ahora tengo un espacio para mí sólo !!!Para escribir, genial!!! ¿No lo creen?

Muchos de ustedes, hasta donde creo, deben de estar sorprendidos, impresionados y tal vez escépticos de la noticia tanto del lado de Stéphanie como del mío, ¿qué gran sorpresa cierto? ¿De dónde salió Arturo? ¿y Stéphanie?

Para todos aquellos que todavía no saben o tienen un poco confuso, cómo nos conocimos... claro, mi versión, jejeje...

Hace un poco más de 14 años, cuando yo entraba al bachillerato, he de confesar que no andaba muy bien en la clase de inglés, mi maestra Esther -todavía recuerdo su nombre- me inscribió a un servicio de correspondencia, según ella para que aprendiera y pudiera mejorar mi inglés con personas nativas de algún país anglosajón (E.U.A. o Inglaterra) ¿ustedes creen? Mmhh, el caso es que finalmente he recibido un nombre y una dirección... STÉPHANIE RIGAUD, ABREST, FRANCE...

¡¡¡imaginan!!! con problemas hablo el español, el inglés, ni se diga... ¿¿¿Qué iba yo a andar hablando francés???, hasta la fecha todavía no puedo.

Al cabo de unos días he recibido una cartita muy bonita, de una francesa llamada precisamente como la dirección que había recibido anteriormente, Stéphanie Rigaud ¿Pero qué creen? Sí, así es, ¡estaba en español! Y quería practicar su español con algún nativo de habla hispana -como yo con el inglés- jejeje.

Desde ese momento, puedo asegurarles que cientos de cartas han sido escritas y han viajado de un lado al otro del Océano Atlántico. Comenzó una amistad, pura y sincera, que día a día sigue creciendo, desde ese entonces, alimentándose de las palabras que cada uno sentía y vivía, desde su lugar, desde su tierra, desde su trinchera...las vivencias y las experiencias, los éxitos y los tropiezos de cada uno, respectivamente iban formando parte de nuestras vidas, a más de 10 000 kilómetros, ella sabía todo de mí, yo sabía todo de ella, qué bonita amistad, ¿no creen?

Algunos, creo que son muy pocos, quienes en verdad me conocen verdaderamente -me sobran los dedos de una mano-, saben mi forma de pensar y de ver la vida, siempre tuve el anhelo de encontrar a la mujer que, resumiendo, me hiciera dar la vida por ella, que me hiciera pensar simplemente dejar todo por ella, claro algo muy anhelado que entraba en planes a largo plazo.

¿Qué pasó? finalmente he encontrado esa hermosa mujer, mi anhelo, mi sueño ha sido cumplido, mi corazón y mi alma, así como la razón, han dado cuenta que la maravillosa mujer que conocía desde hace 14 años, mi amiga, mi confidente, mi correspondiente, es ahora quien hace latir mi corazón, hace que

mi pecho sienta en cada momento un gran golpe, falte de aire con el simple hecho de pensar en ella, wow, ¡que sensación!

¿Alguno de ustedes ha sentido algo igual? ¡Se los recomiendo! Es bueno el que se le dibuje una sonrisa en su rostro cuando piensas en ella, o sea, a cada momento, siempre traigo la sonrisa. ¡Sonrisa banana! Mi vida ahora tiene más sueños, pero ahora también todos son junto a ella y con ella…

Me siento muy afortunado y dichoso de compartir mi vida con Stéphanie, para quienes la conocen, me darán la razón totalmente, ¡no pude sacar mejor premio en la vida! Hoy, también me siente agradecido con Dominique y Jean-Paul, sus papás por haber hecho tan excepcional obra de vida… ¡Stéphanie! Muchas gracias.

Amigos, espero verlos a todos ustedes muy pronto en Abrest y que celebren la inmensa dicha de la unión de Stéphanie y un servidor… estoy ansioso de conocer a muchos de ustedes y de compartir esos momentos con nuestra gente querida.

Y también, los esperaremos en México muy pronto… Saludos a todos, Arturo."

*

Un detalle no insignificante que quedaba por resolver: la noche de bodas y la luna de miel. Mis papás se encargaron del hotel para la noche de bodas, sorpresa sorpresa para nosotros… yo me encargué del viaje de bodas.

Arturo no sabría nada antes de llegar al aeropuerto. Sería Barcelona por unos días y después Cambrils, ciudad española en la Costa Dorada.

El segundo destino y el alojamiento fueron posibles gracias a mi super madrina Charline y Hubert su marido. Charline es la mejor amiga de mi Mamá desde la primaria. Jovencita, hice muchos viajes con ellos, su hijo Fabien y sus sobrinos ¡Cuántos recuerdos! ¡Cuántas pachangas! ¡Cuántos apodos de toda clase que mejor voy a callar!

Tienen un departamento en Cambrils -ya tuve la suerte de pasar ahí unas vacaciones con ellos- y me lo ofrecieron para pasar nuestra luna de miel. Recibimos muchas muestras de amistad para nuestra boda, muchos nos echaron la mano.

*

Y como es tradición antes de dar el gran salto, mis amigas organizaron una despedida de soltera, ¡inolvidable!

Empezando por el traje. Un sombrerazo para Céline y su mamá, Anne-Marie. Gracias a ellas, iba a vestir un traje mexicano típico, imagíneselo.

Para empezar la transformación, una peluca larga negra, eso para la cabeza, para los pies, unas sandalias con tacones naranja fuerte. En medio, una muy bonita falda roja con fondo cosida por Anne-Marie y una playera decorada por nuestras señoritas.

Representaba dos "Speedy Gonzalez", el ratoncito de los dibujos animados; ¡uno con mi cara y el otro con la de Arturo!

Para completar el conjunto, un magnífico sombrero rojo y una guitarra de cartón muy real, hecha y decorada por Céline y que podía llevar en el hombro.

Ya estoy lista, engalanada, para afrontar las calles de Lyon. Bueno, casi: faltaba el maquillaje; aunque muy poco discreta en mi ropa poco común y muy colorida, todavía lo era demasiado para mis amigas. El toque final fue obra de Marie, mi amiga desde la secundaria; puso manos a la obra con un placer no disimulado: negro carbón para los ojos y lápiz labial carmín todo lo que me gusta para pasar desapercibida.

*

Éramos una banda de diez mujeres listas para hacer la fiesta. He aquí nuestra alegre tropa bajando el elevador y cantando a gritos "¡México, Méxicooooooooooo!"

Un pequeño detalle para rematar mi vestuario, una canasta de mimbre llena de famosas galletitas francesas "Pepito" cubiertas de chocolate, con su famoso personaje representativo: un mexicano...

Antes de salir, me regalaron un arca con tesoros, un enorme baúl lleno de sorpresas, la caja de los recuerdos repleta de pequeñas maravillas que sólo yo y la persona que la había depositado podíamos interpretar. Céline había metido un poster con un modelo porque cuando éramos adolescentes tuvimos nuestra época de compra de pósters de modelos. Había también unos lentes con armazón grueso de plástico, copia exacta de los que llevaba en esa época; un frasco de jocoque y unas fresas de la era Mélanie cuando habíamos resuelto las dos ponernos a dieta: jocoque y frutas. Lo que no duró mucho y no dio el resultado esperado.

Mélanie había también depositado un bosquejo de ella misma que se volviera el tatuaje que tengo bajo en la espalda desde hace siete años, ya: unas orquídeas con una ideograma que dicen: "el carácter sin nube", es decir carpe diem, hay que aprovechar de la vida. No puedo describirle todas las ideas que guardaba ese baúl pero cada uno de los recuerdos nos volvía a sumergir en el pasado para el mayor gusto de todas.

*

Ya en el camión, cantamos en español o dizque en español durante el recorrido que nos llevaba por las arterias neurálgicas de la ciudad. Nuestro fin era cosechar unas monedas a cambio de galletitas Pepitos. La gente fue más o menos receptiva y cooperativa. Sin embargo el buen humor de esa banda de muchachas no se acabó durante toda la tarde y la noche.

Al llegar a una plaza estratégica de Lyon, la de los Terreaux nos instalamos en los escalones del Palacio de las Bellas Artes donde me retaron a dibujar a mis amigas en una hoja de papel de gran formato que se utiliza en la escuela de Bellas Artes. Armada de ánimo y de un marcador empecé a dibujar a mis compañeras de juego. No dejamos de llamar la atención de los paseantes.

La cena -otra sorpresa- iba a realizarse en un restaurante mexicano. Tuvimos que bajar unas escaleras para llegar al antro latino, un recinto con bóveda hecha de piedra y con mucho ambiente. En la mesa vecina un joven festejaba su cumpleaños con sus cuates. No tardaron en unirse a nuestra velada.

La cena condimentada fue muy buena, descubrimos y saboreamos los platillos mexicanos, todo bien acompañado con alcoholes del país de los mariachis. Un piso más abajo, había una pista de baile donde después de cenar íbamos a "¡desentumir las piernas!"

*

Habíamos dejado nuestro cesto de galletas en una mesita al lado de la nuestra. Mi compañera de la oficina se percató que uno de los muchachos de la mesa vecina había hurtado uno, no titubeó y con mucho valor, le llamó la atención explicándole nuestra meta de ese día y pidiéndole unas monedas.

La pandilla masculina con muy buen humor aceptó la oferta y nos regaló unos centavos para nuestra alcancía. Entonces les regalamos un montón de galletas como testimonio de agradecimiento. Después de amigables intercambios el del cumpleaños me invitó para abrir el baile con un rock endiablado. Animado por los estímulos y los gritos de mis amigas, nos ofreció un "Strip-tease soft": se quitó la camisa por el regocijo de nuestra banda. ¡Las pícaritas!

Después de hacer honor a todos los sabores que nos ofreció la gastronomía mexicana, fuimos a quemar calorías en la pista de baile. Podíamos escoger nuestra música ya que el dueño nos dio carta blanca para animar el ambiente que no faltó. Nos desahogamos al máximo con ritmos endiablados.

Después, todo el mundo regresó a casa para dormir; las que vivían en Lyon se fueron a su departamento y las que venían de fuera en mi casa.

*

Unas semanas después de esa despedida de soltera, llegó otra fiesta, el 28 de abril, mi cumpleaños. Y de regalo, ¡escuche bien!, la llegada en el vuelo de la noche de Arturo mi futuro esposo, y su familia.

En el programa, al día siguiente, el plan era tomar el tren dirección la ciudad donde viven mis papas, Abrest, para la tradicional pedida de mano. Sólo por formalidad, ya que mis papás no podían negar mi mano unos días antes de la fecha de la boda y que todo estaba apartado y programado. Sin embargo esa ceremonia de compromiso con todo lo que implica tiene un valor muy peculiar para los mexicanos que conservan unos valores que, nosotros, tal vez, olvidamos fácilmente. Un próximo momento conmovedor...

Como parece ser una costumbre, no pude llegar a tiempo al aeropuerto. Segunda cita frustrada. La lluvia, el tránsito, el taxi no avanzaba, no podía estar quieta en mi asiento. No iba a llegar a la hora prevista, otra vez. Odio llegar tarde. No quería dar una mala impresión a mi futura familia política. A pesar de todas mis oraciones e invocaciones, mi reloj marcaba unos minutos de retraso. Sin embargo no se veían demasiado enojados. ¡Uf!

Había preparado la cena para la familia. En el menú, una quiche con salmón hecha en casa con lechuga y de postre unos pastelitos típicos de la ciudad de Lyon, llamados "macarons".

Una buena noche de sueño era necesaria para todo el mundo porque el día siguiente iba a ser tan angustioso como maravilloso.

Madrugué, me levanté al alba corrí a comprar con mi querida panadera unos panes vieneses a la francesa que quería que probaran: bizcochos con chispas de chocolate o almendras, chocolatines, empanadas de manzana, panes con pasas, croissants. ¡En resumen algo para satisfacer los más exigentes apetitos!

Otro poco de zozobra antes de tomar el autobús. Parecía a propósito, pero precisamente ese día, habían cancelado el que teníamos que tomar. Esperamos entonces el siguiente, la mirada pegada al reloj.

Por fortuna no vivía lejos de la estación, llegamos corriendo, cargando las maletas, pero antes de cruzar la línea de llegada tuvimos que subir las escaleras a toda velocidad. Por fin pudimos sentarnos y respirar.

Llamada a mis papás, "el envío está en el tren". Por supuesto mis padres aprehendían el encuentro, el carácter formal de la pedida de mano pero también esperaban con ansia el momento de conocer a su futuro yerno y su familia.

*

116

Llegada a la estación de Vichy, saludos y presentaciones de rigor, luego acomodar a los invitados en los coches y ¡directo a la casa!

Como aperitivo, visita del lugar, casa, entorno y pronto el plato fuerte, la petición de mano.

El papá de Arturo había escrito en una hoja un discurso. Había mucha emoción por ambas partes. En resumen, dijo que me acogían con alegría en el seno de su familia, que me protegerían y me cuidarían como a su propia hija, que nunca me sentiría sola y aislada. Entonces dejó la palabra a Arturo que había también escrito su discurso pero al último momento prefirió improvisar.

Era muy bello. Salía del corazón.

Y finalmente Arturo preguntó a mi padre si aceptaba concederle la mano de su hija.

*

¡A una semana de la boda!, respuesta: "Sí ¡Más valía!" entonces intercambiamos los anillos de compromiso bajo los aplausos de todos. Mi anillo estaba muy bonito. De plata con dos lianas enrolladas y en su punto de unión estaba un diamante, muy fino, muy puro.

Después, festejamos el suceso con champaña y mis papás abrieron el montón de regalos que mis suegros habían traído en sus maletas.

*

Seguimos festejando con la visita a la cuidad de Vichy, sus parques, sus lagos, sus manantiales de agua curativa con sabor a azufre.

La semana que iba a empezar, abría la última recta antes del Gran Día. Pensando que tal vez sería necesario tranquilizarnos, preparé una estancia de dos días en EuroDisney para desahogarnos y volvernos a encontrar cara a cara. Mientras tanto los padres de Arturo iban a visitar la capital en compañía de Marilú y Norma.

Los días en EuroDisney fueron mágicos, románticos y cargados de sensaciones diferentes según los juegos. Nos deslizábamos en nuestra nubecita saboreando nuestro reencuentro, nuestros planes de vida común que se concretizarían pocos días después.

En términos de "timing", todo estaba listo. Faltaba confirmar que todos los actores estaban listos: fotógrafos, D.J, banquetero, recoger los dulces y ¡Adelante Muchachos!

*

La víspera de la boda íbamos a recibir al testigo de Arturo, Jorge y su amiga alemana Uli, Tomoko la amiga japonesa y también nuestros grandes viajeros mexicanos que se hospedarían en la casa de mi madrina o en hoteles del centro de la ciudad.

En teoría, uno se imagina la víspera de una boda como matizado de tranquilidad y de serenidad, los novios dormidos temprano para llegar descansados al largo día que los espera y las múltiples descargas fotográficas. No fue ese escenario ideal el marco de la velada.

Déjeme contársela...

*

Respetaré cuanto pueda el orden de los acontecimientos. Pero a veces mi memoria desvaría un poco por lo que pido que sea indulgente.

En la tarde del viernes, o sea el día J -1, fuimos a la estación de tren para recibir a los papás de Arturo, su hermana y una amiga que llegaban fascinados y muy cansados de su "tour" parisino, después fue Tomoko que pisó el andén de la estación de Vichy. Venía de Lyon donde le había prestado mi departamento para que conociera la ciudad. Mis amigos Laurent y Karim tomando el rol de chambelanes, alzaron muy en alto los colores de la galantería francesa.

Al correr de las horas, el flujo de amigos iba a llegar con la regularidad de un metrónomo. Sin embargo hubo un pequeño cambio: nuestro destacamento mexicano tuvo problemas con el avión y con el tren y llegaron con retraso. A su llegada Jorge y Uli se perdieron y tuvieron que dar muchas vueltas para volver a encontrar el camino correcto.

Entonces el estrés -invitado no deseado- empezó a crecer. Más afortunadamente y tal como en las mejores historias todo acabó con bien: nuestra pequeña cuadrilla arribó a su destino. Preparamos un tentempié a la buena de Dios con productos locales mientras nos contábamos los incidentes del día y disfrutábamos del placer de estar todos reunidos.

Balance de las carreras. Todo el mundo a la cama como a las 2:30 de la madrugada. ¡Ya imaginábamos nuestras caras de desvelados y con grandes ojeras en la mañana siguiente!

*

Tranquilos. No fue así. Estábamos todos muy animados, exaltados y bastante ansiosos. En el programa del sábado, en lo que a mi concierne, ir a la tintorería a dejar el traje de mi futuro suegro que se había arrugado en el viaje y después al salón para el peinado y el maquillaje.

En el salón, disfruté un momento muy agradable de descanso y de apaciguamiento. Me hicieron un peinado muy sencillo tal como lo quería: cabello medio largo, muy liso. No me hubiera sentido a gusto con un chongo sofisticado o con unas extensiones. Mamá fue con el florista y nos trajo una orquídea que colocamos en una de las mechas.

Una buena capa de laca para que no se mueva ni un pelo y entonces el maquillaje que pedí sobrio y discreto. Después de mí, era el turno de mi Mamá para que quedara rozagante ella también.

Unas semanas antes habíamos hecho unas pruebas de maquillaje y escogí una gama de tonos rosa, ciruela y violeta para que resaltaran los ojos verdes de la que por unas cuantas horas era todavía la "Señorita Rigaud".

Ya lista, hecho un último vistazo al espejo, no luzco tan mal, bueno, según yo algo exagerado el arreglo ya que no acostumbro maquillarme así. El veredicto de mi mamá completaría esa primera impresión. Era muy curioso andar con la mitad del cuerpo muy arreglado y la otra mitad relajada con un pantalón de mezclilla y una playera. Recojo el traje y sin perder tiempo me voy corriendo a la casa.

A partir de ese momento sólo quedaba ponerme el vestido con la ayuda de mi mamá y descubrir a mi futuro esposo con su magnífico traje para ir a tomar las fotos. La agenda era algo apretada no había tiempo que perder.

*

Nos retiramos las dos en el garaje que habíamos adaptado y decorado para recibir a mis padres que habían dejado su recámara a mis suegros y otro cuarto para Marie-Stéphanie, una de mis testigos.

Sinceramente me sentía muy serena y absolutamente feliz. Del lado de mi mamá, un poco de angustia para lograr abrochar los botones de mi corpiño, es preciso decir que, por ser nuevo, no había mucho espacio entre la hebilla y el botón. Y eran muchos botones que había que abrochar lo que era complicado para una mamá muy emocionada.

Gracias a unas palabras alentadoras para tranquilizarla, el corpiño y la falda pronto fueron colocados. Revisión para verificar que todo estaba perfectamente en su lugar, los aretes, la flor, Ok. Ya estamos listas para recibir al futuro esposo.

Marie-Stéphanie fue la primera en bajar para verme. Con su mirada y sus palabras comprendí que el resultado era de su agrado. Mientras tanto en el primer piso, la familia almorzaba. Por mi parte me iba a saltar la comida, no tenía nada de apetito.

Mi abuelo y mi papá corrían de un lado a otro para engalanar el coche con hermosos moños azules y blancos y repartían algunos para que todos los que participaban en el cortejo pudieran adornar el suyo.

*

Ahora una pausa para ver bajar las escaleras a mi Arturo, bello como un dios con su traje negro, camisa blanca, chaleco gris y corbata azul. Al captar su sonrisa y la chispa de su mirada, pensé que podíamos estar orgullosos por el trabajo realizado en mi imagen. Parecía bastante satisfecho al descubrir a su prometida.

*

Pero no había un minuto que perder. En la mañana David, nuestro fotógrafo, con mi papá había determinado los mejores lugares y los mejores ángulos para inmortalizar el día.

Ya no teníamos otra cosa por hacer sino dejarnos guiar, acomodar; la suerte estaba echada. Caminaba con mucho cuidado para no ensuciar mi vestido al caminar en los parques, con manchas verdes o de lodo que hubieran arruinado la bella tela sedosa.

David hizo un trabajo fantástico. Desde el principio supo ajustarse con unos cuerpos tensos, encontrar las palabras justas para que nos sintiéramos cómodos y relajados.

El crepitar de la cámara no dejaba de oírse, mi papá la mirada clavada en el reloj, vigilaba el respeto de la agenda. Todo se hizo a la carrera pero en los tiempos. David tendría las llaves de la casa para arreglar las fotos en la computadora y presentárnoslas durante la fiesta.

*

Regresamos a la casa. Todos los amigos salen unos tras otros en dirección al palacio municipal. Arturo y sus papás en el coche de su futura suegra, mi papá y yo en otro, cerrando el cortejo.

Unos minutos antes de salir, oímos retumbar un claxón. Eran los amigos por la mayoría de Lyon que estaban llegando en autobús. En la casa de campo, cerca de Lapalisse, había como colmenas llenándose con los que iban llegando. La gestión de los invitados corría a cargo de mis tíos que, libreta en mano con los nombres, lo hicieron muy bien.

Es menester convenir que llegar a la casa de campo sin conocer el rumbo y a pesar de las indicaciones es algo arriesgado y en general condenado a perderse. Hay que penetrar en el bosque, siguiendo unas carreteras estrechas y sinuosas que se parecen todas. En los puntos estratégicos mis padres habían colocado unos globos para que los extraviados volvieran a encontrar su camino.

Habíamos considerado el alquiler de un autobús por seguridad. Después de la fiesta, la mayoría de los invitados tenían que manejar para regresar a la casa de campo. Conociendo los caminos tortuosos y sabiendo que en una boda la bebida predilecta de los invitados no es el agua, para no preocuparnos y gozar tranquilamente el momento, decidimos que la solución que se imponía era un autobús.

*

Entonces un claxón nos avisó que el autobús pasaba frente a la casa, como la alcaldía se hallaba a unos cinco minutos de la casa de mis padres, permitimos a los invitados llegar, arreglarse y arrancamos.

El coche estaba soberbio, un ramo de flores en el cofre y otro en la cajuela. Un sinfín de moños en las portezuelas y los retrovisores. Las flores combinaban con las de mi ramo, alcatraces blancos engalanados con toques violetas. Al llegar, desde lejos, percibí a toda la familia, los amigos, los colegas. Me sentía muy feliz al ver todos mis seres queridos reunidos en un solo lugar.

Al salir del coche bajo los aplausos no sabía para donde voltear para saludar a todo el mundo, envuelta en el remolino de palabras alentadoras.

Entrada de la novia del brazo de su papá, le siguen su mamá con su consuegro, y Arturo con su mamá. Y finalmente el cortejo para cerrar la marcha. Céline y Marie-Stéphanie a mi derecha, Jorge a mi izquierda.

Como me lo había prometido cuando lo encontré, el Sr. Alcalde pronunció unas palabras en español para darles la bienvenida a los mexicanos y recibir con mucho gusto nuestra unión. Fue de parte suya una muy agradable atención recibida con un fuerte aplauso.

Después, los testigos tomaron la palabra para decirnos lo que significaba para ellos nuestra unión y que el amor visto a través de nosotros no tenía fronteras. Siguieron los textos de la ley y las firmas de los novios y de los testigos.

Entonces pasó algo chistoso. Hubo un *quid pro quo* entre el Sr. Alcalde y yo. Creyendo que había llegado el momento del beso al novio, le pregunté si nos podíamos dar un besito. Él entendió que le quería dar un beso y nos reímos a carcajadas. Entonces le planté dos besos sonoros en las mejillas. ¡Todo el mundo se rió mucho!

No se preocupe, en seguida oímos el "ya puede besar a la novia". Todo el mundo nos felicitó, nos besó y con mucha ternura nos desearon lo mejor para el futuro. Y salimos del ayuntamiento bajo una muy poética lluvia de burbujas de jabón hechas por los invitados.

*

Venía la hora de la tradicional foto de la comitiva vista por David. En general en esa foto la gente es algo estirada, derechitos como unos "i" e incómodos. Como innovador genial, nuestro fotógrafo pensó en sacudir el polvo del mito pidiendo a los invitados poner el brazo de un lado, "clic, foto", luego poner todos los brazos del otro lado, "clic, foto".

Esto da unas imágenes muy dinámicas donde las personas sorprendidas se ven muy a gusto y sonrientes. Esta toma en este preciso lugar tenía mucho valor para mí ya que mis abuelos se habían casado allí y le habían tomado una foto en este mismo lugar muchos años antes.

Luego de ese gran momento, caminando atravesamos todos la calle acompañados por los claxóns y los aplausos de los curiosos, para ir hasta la pequeña iglesia donde proseguía la jornada. Entonces el largo cortejo recorrió la calle que nos llevaba a la iglesia. No había mucho que caminar, y ese reptil humano ondulando de un lado a otro del camino era visualmente muy gráfico.

La mayoría de los invitados tenía frío. Hay que decir que el cielo estaba gris y que había viento.

Yo que iba con la espalda desnuda no sentía para nada esa frescura. La emoción y la energía aportadas por el acontecimiento tenían mucho que ver.

*

La bendición en aquella iglesia tenía también muchísimo valor para mí. Había sido testigo del matrimonio de mis abuelos así como del bautizo de mi tío y de mi padre. Esta ceremonia iba a ser una simple bendición sin intercambios de argollas; la ceremonia religiosa se celebraría en México, unos meses más tarde.

Los invitados entraron poco a poco en la iglesia, acompañados por las melodías cautivantes del *Hallelujah* de Jeff Buckley. Un canto que conmueve por la sensación de exaltación que origina. Luego llegaron mi mamá y, ahora sí, mi suegro seguidos por Arturo y su mamá y al último mi papá y yo.

Fue un instante muy hermoso, casi atemporal, como una pausa en una imagen cuando todas las miradas se dirigen hacia uno. Desde la entrada veía el rostro de Arturo a lo lejos que a cada paso se volvía más nítida, su mirada llena de amor y finalmente su mano recibiendo la mía.

Cada uno a su turno, quisimos agradecer a los seres queridos ahí presentes y a los que nos hacían falta en ese día porque ya no pertenecían a este mundo, mi abuelo Lucien, mi abuela Denise y Rita, la abuela de Arturo o porque no habían podido hacer el viaje demasiado costoso, tales como la hermanita de Arturo, Liz y su esposo, Benito.

El diácono que nos atendió fue realmente extraordinario a lo largo de la ceremonia. Su sermón estuvo lleno de vida y muy humano. Hizo unas comparaciones muy acertadas entre el mundo de la informática (ligado a mi profesión) y el de Dios.

*

Un momento clave que conmovió a toda la asistencia fue la narración de nuestra historia por mi prima Aurélie, primero en español y luego en francés.

Fue un momento sensacional que marcaría por mucho tiempo a todos los presentes. Sin ningún apunte, narró cómo nos conocimos a través de nuestras cartas intercambiadas a lo largo de catorce años, nuestro recorrido mano a mano con miles de kilómetros separándonos hasta nuestro encuentro real y esos fuegos artificiales: nuestro matrimonio.

Arturo soltó unas lágrimas al oír ese testimonio conmovedor. Aurélie supo transmitir a todos su gran emoción y el auténtico cariño que la caracteriza. Hoy día, esa prueba de amor me llena de felicidad y de gratitud. Luego los dos, cada uno a su turno y en su propio idioma, leímos textos sagrados que agradaban a los dos. Es cuando fueron bendecidos los anillos de compromiso.

Concluida la ceremonia, los amigos salieron. Nosotros cerrábamos el cortejo. Al llegar al atrio nos saludó una lluvia de pétalos de rosas multicolores mientras volaban alrededor una infinidad de burbujas anaranjadas y azules que hacían los invitados.

Como sello de nuestra reciente unión y en calidad de Señor y Señora Gaytan nos regalamos muchos largos besos. Ya había llegado el momento de las fotos con los novios. Toda la familia y los amigos desfilaron frente a la cámara para dejar huella del evento.

*

Entonces había que festejar nuestro amor, empezando por brindis de honor con champaña. En fila india los invitados fueron caminando hasta el salón que se situaba abajo. Siendo los novios privilegiados, recorrimos en coche los pocos metros que nos separaban del sitio de la fiesta.

Canapés, bocadillos y champaña esperaban a nuestros amigos que no se hicieron del rogar y saborearon manjares y bebidas que les ofrecían. Nuestra tropa mexicana pudo probar y de buena gana nuestro oro burbujeante. Creyeron que sería la única champaña de toda la noche y, desde el aperitivo, le hicieron honor.

Fue el momento privilegiado para presentar a mi marido, a los parientes y amigos que todavía no lo conocían y de esa manera charlar tranquilamente con todo el mundo. Bajo los aplausos de los invitados pudimos escuchar la cantaleta mexicana "a la bio, a la bao, a la bim, bom, ba los novios, los novios ra ra ra", refrán típico en nuestro honor.

*

Poco a poco los invitados al brindis se fueron y los otros entraron en la sala-comedor.

Cada mesa estaba como lo habíamos previsto, cubierta con una larga funda blanca y encima se había dispuesto un mantel azul noche que dejaba ver de cada lado la funda blanca. Unos floreros alargados con un alcatraz y un poco de follaje daban al conjunto un aire muy puro. Cada invitado recibiría una perla de vidrio y unos dados redondos. Para identificar los lugares de los invitados, utilizamos tarjetas postales de los alrededores de Vichy. Así cada uno se iría con una imagen de uno de los mejores sitios turísticos de la ciudad.

Lionel, nuestro talentoso director artístico, retomando la idea de nuestras participaciones, había diseñado los menús que cada uno tenía en su lugar asignado. Para rematar, en cada mesa, un pequeño guijarro del río con un número que indicaba a los comensales a donde se iban a sentar y con quien pasarían la velada.

Para terminar la escenografía, un estrado donde actuaría Anthony nuestro DJ y en frente, los instrumentos del grupo de Gautier que iba a volver loca la concurrencia con sus acordes rocanroleros.

Paulatinamente todo el mundo encontró su lugar y la fiesta, al principio gustativa, empezó. El entremés, "foie gras" para unos y mil hojas de cangrejo con jaiba y guacamole para los vegetarianos como yo, despertaría nuestro apetito.

Como fuente inagotable, el vino sustentaba todas las mesas incluyendo las más sedientas. Entre cada platillo, teníamos los intermedios musicales para bailar. La primera pieza fue para nosotros. Escogimos una canción española, nuestra melodía fetiche "Te necesito" del grupo Amaral.

Luego fue el turno de un tipo de baile llamado la "*Guinguette*" (en Francia restaurante a las afueras de una ciudad y a la orilla de un río donde se puede bailar) de animar el baile. Entonces mis abuelos, Daniel y Thérèse hicieron una demostración de su armoniosa unión.

*

Ahora llegó el turno de Gautier y su grupo de hacernos vibrar con los sonidos potentes y melodiosos de mis grupos consentidos. A todo el mundo le fascinó su intervención justa y animada.

Los padres de Arturo, Marilú, Norma y Pilar estaban sentados en la misma mesa que mis abuelos y la extraordinaria hermana de mi abuelita, Dolores de quien todavía no he hablado. De origen española, aún habla español, a más de noventa años con su buen humor y su viveza, hizo pasar un momento muy agradable a los presentes.

*

Entonces todos los invitados se levantaron, un papel en la mano, y se pararon adelante del estrado. Nos miramos, Arturo y yo, intrigados, ¿de qué se trataba?

Entonces oímos los primeros acordes de la canción "*México*" de Luis Mariano y la letra adaptada cantada en coro por toda la comitiva.

He aquí la letra, fruto de la pluma y de la imaginación fértil y siempre atinada de Céline, mi testigo. Un maravilloso testimonio de amistad y creatividad.

1. Era en el tercer año
que una carta de Arturo
le cambió la vida a una adolescente,
a un bello latino.

Escribiendo semana tras semana
a esa muchacha de temple fogoso
aunque muy lejana
sueña con hacerla suya
la bella Rigaud.

Se olvidan de todo,
de la distancia, del trabajo,
se vuelven locos
uno del otro, están prendidos.
Es en un recorrido parisino
trece años después de sus primeras palabras
que en un fin de semana
a la orilla del Río Sena

Lyon encontró México.

CORO

Arturo, ¡Arturiiiiiiitooooo!
Se robó el corazón de Stéphanie
Y se casan en este día
Para probar la dicha de la alegría
Stéphanie, ¡Stéphaniiiiiiieeeee!
Va a alcanzarlo a su país
Para vivir siempre
En el paraíso de los corazones y del Amor.

2. Una aventura mexicana
De una chica enamorada de un gaucho
Eso dura una vida eterna
Con escala en Auvernia
O parador en México.

En este 5 de mayo juran que se aman
Como tórtolos se casan
Familia, amigos los apoyan
Los festejan y los animan
A persistir en su esperanza.

Se olvidan de todo
Salchichonería y desperado
Y se vuelven locos
Al seguir los ritmos latinos.

Que esa pasión sin frontera
Les traiga bonitos chiquillos
Un viaje alrededor de la tierra
Juntos por la vida entera
¡Stéphanie y Arturo!

*

Y todavía nos faltaban muchas sorpresas. Un poco más tarde, le tocó a un grupo de cuates, llegaron disfrazados y nos propusieron participar en un juego de preguntas y respuestas sobre nuestros dos países.

Por cada mala respuesta a Arturo le ponían un símbolo de la cultura francesa y a mí algo mexicano.

Al terminar el juego, Arturo llevaba unas pantuflas típicas de Francia llamadas "*charentaises*", una botella de vino, un pan "baguette", un gallo de peluche y una boina. ¿Yo? Muy seductora con bigote, un sombrero y un poncho.

¡Qué bonitos novios!

Siguió la fiesta con el mismo júbilo, los platillos deliciosos, un vino muy apreciado por los conocedores y por todos, en fin el placer de estar todos reunidos.

Luego se apagaron las luces y apareció el pastelero pero no con las manos vacías... Sobre un bonito mantel blanco la "*pièce montée*" (el pastel de bodas) entraba en medio de mini fuegos artificiales crepitantes. Pero, espere, no era el tradicional pastel, era doble. Eran dos "*pièces-montées*" para los golosos que somos todos. Además era algo único: teníamos frente a nosotros una inmensa Torre Eiffel y una de las Pirámides de Teotihuacan, un símbolo del país de cada uno.

Un trabajo original, específicamente realizado para esa ocasión.

No solamente fue una magnífica obra que admiramos pero ¡ni una pizca de pastelitos con crema o de caramelo quedó en mi plato o en el de nuestros amigos! Una hermosa puntada de mis padres que nos conmovió mucho.

La música encendió la concurrencia hasta las cuatro y media de la mañana. Hora a la que príncipes y princesas tenían que regresar a la carroza apartada especialmente para ellos y que iba acompañarlos hasta Lapalisse y al Vacabon donde iban a pernoctar.

Unos valientes nos ayudaron a ordenar el salón de fiestas. ¡Gracias a todos por su agilidad para pasar la escoba y manipular el recogedor a esa hora tan avanzada de la noche! Después nos llevaron a nuestro hotel, ¡el más prestigioso de Vichy!, créame. La suite que nos esperaba estaba a la altura de la reputación del hotel.

Y empezó la noche de bodas. No, Arturo no pertenece al 70% de los hombres que por el alcohol no son capaces de saborear su noche de bodas. ¡Pero eso es lo privado!

*

El plan para el día siguiente, domingo, era reunirnos en el Vacabon, la casa de campo, para seguir con el mismo ánimo la fabulosa boda.

En el invernadero totalmente remodelado, las mesas estaban listas para aprovechar juntos el fin de semana. No fuimos de los primeros en llegar... por el contrario. Era muy chistoso observar las caritas de los amigos desvelados.

Mi tío y padrino Bilou, como es la tradición para la torna boda, muy temprano había preparado la sopa de cebolla que apreciaron los suertudos que habían dormido ahí.

La mayoría de los amigos tenían que irse en la tarde unos para regresar a Lyon o a Alemania como Jorge y Uli. Entonces preparamos unas tortas para que los estómagos aguantaran el viaje. Después de comer nos cayó muy bien un paseo digestivo cerca de los lagos. Y pronto llegó la hora de separarnos. Muchos tenían su boleto de tren para Lyon o París donde un hotel o un avión los esperaba.

¡Hubiéramos todos querido alargar la fiesta!

*

Arturo y yo no habíamos acabado los festejos. Seguimos con ese ímpetu con la luna de miel-sorpresa. Llegada al aeropuerto y lectura de los tableros: ¡nuestro destino era Barcelona!

En el programa: la Sagrada Familia, el Parque Güel, dos obras maestras de Gaudí, las tapas, la sangría y el buen humor comunicativo de los españoles...

Había reservado un hotel muy original, design según lo que podía ver en las fotos de Internet. Los cuartos eran de un blanco inmaculado, nos daban un control con el que podíamos crear ambientes coloridos y musicales que podían girar; lo mismo en los pasillos para llegar a las habitaciones los colores diferentes nos indicaban el camino.

Los efectos sonoros y visuales podían variar según nuestro humor: colores suaves, azules, música jazzy para descansar del viaje o de repente una luz roja con fondo de rock para desahogarse después del reposo de los dos guerreros.

El hotel queda a dos pasos de la famosa catedral y de las Ramblas, las largas avenidas muy comerciales donde es agradable caminar. Durante nuestro paseo entramos en un mercado muy atractivo de frutas y verduras de todos los colores, muy frescas que dan ganas de probar de todo.

*

Después de esos días en Barcelona, llegamos al departamento en Cambrils y ahí: playa, sol, farniente, buenos restaurantitos, platillos sabrosos entre las cuales el famoso *fideua*, la misma receta de base que para la paella excepto el arroz que es reemplazado por espaguetis picados muy finos; ¡un manjar!

Pero ya era hora de cerrar maletas y de volver a tomar el avión hacia Lyon. Íbamos algo cargados y como bienvenida a Francia uno de sus habitantes nos hizo el favor de despojarme de mi cartera donde tenía nuestros pasaportes.

Un drama... dos días después Arturo tenía que regresar a México. Llegada muy estresada a Lyon. Llamadas a las líneas aéreas para preguntar si con una carta de la delegación señalando el vuelo, Arturo podría tomar el avión de regreso. Respuesta: "No, imposible. Para los viajes largos el pasaporte y la visa son imprescindibles".

Entonces hice todos los trámites necesarios: delegación para notificar el robo; llamadas a la Terminal de autobuses para ver si, milagrosamente, alguien había entregado unos pasaportes encontrados en uno de sus autobuses; cada vez respuesta negativa.

Arturo tuvo que arreglárselas y lo hizo muy bien. Se fue solo a París, yo regresaba a la oficina el lunes y no lo podía acompañar. Directamente al consulado mexicano en Francia para que le dieran de emergencia un pasaporte temporal. El jefe de Arturo fue muy comprensivo, frente a esa situación ajena a nosotros, gracias Homero. Finalmente mi marido pudo cambiar su vuelo, retrasándolo un día. Nuestras últimas horas juntos fueron bastante folclóricas y manchadas de estrés.

Aunque no tenía la culpa de nada, me sentía culpable y muy incómoda. Arturo no me reprochó nada, vivió la situación con mucha calma, analizándola tranquilamente, buscando la mejor manera de salir de eso. ¡Fuiste extraordinario al reaccionar así!

Con un día de retraso, lo acompañé al aeropuerto y nos citamos tres meses después en México donde esta vez lo alcanzaría para quedarme. Durante esos meses iba a ponerme al día con la administración, vender los muebles del departamento, finiquitar la organización del trabajo y preparar mi "adiós" a la familia y a los amigos.

El tiempo pasó muy rápido y todo salió muy bien: uno de mis colegas rentó el departamento y compró todos mis muebles, también avisé a la tesorería, capacité una colega por si mis clientes llaman en el transcurso de la mañana y unas cuantas fiestas con amigos animaron esas últimas semanas en Francia.

Y llegó la partida... muy cargada pero era obligatorio para tal viaje. Dos maletas expresamente compradas para la circunstancia y ataviadas con calcomanías, la más llamativa era verde fluorescente con hojas moradas. Con todo eso Arturo no podía no verme a la llegada. El viaje fue perfecto, mi mente mariposeando e imaginándome pronto en ese nuevo país de adopción.

A mi llegada también iba a descubrir nuestro hogar, nuestro departamento que había visto en unas fotos. Tuvimos que batallar para conseguirlo. En México las condiciones para alquilar un departamento son drásticas. Tal como en Francia se necesitan dar tres meses de adelanto, un montón de papeles y comprobar los ingresos, además es preciso presentar una carta firmada por un aval que sea propietario de un bien en la ciudad donde usted quiere alquilar el departamento.

Es una "protección" en caso de que el inquilino dejara de pagar la renta. Al fiador se le podría hipotecar sus bienes raíces. ¡Bonito procedimiento!

Por suerte Irma la mamá de Elizabeth, una colega/amiga de Arturo, aceptó firmar y así obtuvimos el departamento.

Tenía que estar lista para empezar a trabajar desde mi llegada a México. Ponía mis maletas el sábado en suelo mexicano y el lunes en la mañana empuñaba mi trabajo. Arturo había instalado todo antes de mi llegada, sobre todo la conexión de Internet para que la transición se hiciera con tiento y así fue.

*

Fueron todos al aeropuerto para recibirme y me ayudaron con mi muy pesado equipaje. Luego fuimos juntos al departamento que descubrí con mucha emoción: mucha categoría, amueblado con gusto por el dueño, muchos cuadros, esculturas, todo bien acomodado. Compartimos una pizza, mi cuñis y cuñado nos regalaron unos vasos con los cuales brindamos por mi llegada. Después cada uno se fue a su casa ya que la viajera empezaba a sentir los efectos del cambio de horario.

Iba a olvidar comentarles que en un hermoso florero azul me estaba esperando un ramo de azucenas anaranjadas.

Al entrar a nuestro cuarto, otra sorpresa romántica se perfilaba frente a mí: la cama estaba cubierta por una alfombra de pétalos de rosas formando un corazón y en el centro estaba escrito: "Te amo".

Mi nueva vida versión mexicana empezaba.

*

México es muy conocido por la gentileza de su gente, su sociabilidad y también su gusto inmoderado por las fiestas. En México cualquier pretexto es bueno para organizar una fiesta. Por lo mismo mis cuñadas organizaron una despedida de soltera en el departamento de una de ellas, Liz. ¡Fiesta con la salsa mexicana! Las paredes del departamento cubiertas de globos, adornos, corazones con el nombre de Arturo y el mío. Muy original. Muy atinado.

Ni a Arturo ni a mí nos atraen los strip-tease que en general están programados en cada despedida de soltera o de soltero. Lo encontramos muy simpático si se trata de otra persona, pero para nosotros, es otra cosa. Personalmente soy poquito púdica. Entonces lo platicamos con nuestras dos principales organizadoras.

En general aquí ese tipo de reunión es familiar; entonces asistieron varios miembros de la familia de Arturo: Guadalupe, su tía, su hija Teresa y su hijo de cuatro años, Rafita, único representante del género masculino, mi suegra Marilú, Liz y Marilú, sus dos hijas, la suegra de Liz y dos de sus hijas, Teresa y Lupita. Mezclar las generaciones es una muy buena idea, tanto más que, independientemente de su edad, cada una participó con mucho ingenio.

El tiempo pasaba y el ambiente se llenaba de vapores de tequila que, al correr de las horas y de los traguitos, volvía las participantes muy alegres. Se organizaron varios juegos en los que cada una demostraba su equilibrio, su destreza y gracia al mover la cadera siguiendo los ritmos latinos.

Habían preparado regalos para cada participante, unos puerquitos o vaquitas de malvavisco hechos por Liz y Beto, uno de sus sobrinos, un muchacho muy creativo, y, para que me ruborizara, dieron unos pirulíes y helados ¡en forma de cosa masculina!

Se me olvidó describirles mi atuendo. En la cabeza llevaba algo parecido a un velo, símbolo de mi próxima boda religiosa. ¡Qué fantástico tener dos hermosos días en su vida! Casarse dos veces, con el mismo hombre ¡claro!... también me pusieron una liga encima del pantalón.

En el transcurso de la noche, me taparon los ojos, esperaba lo peor. Habían apagado la música. Las oía reír, cuchichear, ¿qué me iba a pasar?

Entonces estalló una música super animada acompañada por gritos histéricos y los chiflidos de todas. Dos manos agarraron las mías y las colocaron en la parte carnosa de una anatomía masculina. Al mismo tiempo me quitaron la venda y vi, no a uno sino a dos strippers en frente de mí. Yo que siempre soy más bien pálida, ¡seguro que en ese momento estaba roja carmesí!

Los strippers mexicanos, sólo puedo hablar de los que vi, tienen mucha imaginación en su porte atlético, muy creativos en su manera de comer una fruta o de presentar un "remake" del Titanic en una versión menos boba que la original...

Una noche genial, muy animada que llenó mi cabeza de recuerdos.

*

Luego apareció el mes de septiembre y llegaron mis padres para festejar la boda religiosa.

Para ese acontecimiento escogimos el 22 de septiembre, día del cumpleaños de mi suegro, Arturo. El programa de los días anteriores a la boda sería: visita de los lugares y monumentos que dieron su reputación a la capital y unos días en Acapulco. No iba a acompañarlos a la segunda parte del plan; era una época de mucha actividad en el trabajo. Mis suegros y mis cuñadas serían sus guías.

Tres días antes de la boda fuimos a visitar las pirámides de Teotihuacan, de las que ya les hablé anteriormente. El clima era incierto, el cielo nublado. Subimos muy valientemente los múltiples escalones de la pirámide del Sol para llegar a la cima y cargarnos de energía positiva. En la noche constatamos con aflicción que a pesar de las nubes, el sol había estado presente...

Mis brazos parecían de ciclista después de una carrera. Bien quemados por el sol, con un color vainilla con fresa. ¡Algo muy logrado!

Eso no hubiera tenido mucha importancia en cualquier otro momento pero a unos días de ponerme mi vestido, sin mangas, no era lo ideal. Ya me veía en las fotos de ese gran día con mi facha de ganador del Tour de France...

*

La carrera alocada, la última etapa había empezado con el objetivo de encontrar una solución para atenuar las marcas. Después de haber recorrido sin éxito muchos centros comerciales, encontramos algo. No era del todo milagroso. Las demarcaciones eran demasiado intensas para poder disfrazar completamente los diferentes tonos. Por lo menos podríamos suavizarlos. Era una especie de autobronceador profesional: volvería lo blanco de mi tez menos descolorido y lo rojo menos intenso.

Entonces mi temor era terminar anaranjada, lo que hubiera sido todavía peor. Claro que todo eso es muy trivial comparado con el sacramento que íbamos a recibir pero, lo confieso, en ese momento no tomé la situación con filosofía. Al fin y al cabo el resultado no fue maravilloso pero el daño se notaba un poco menos.

Todo el mundo confiaba en que durante los días que faltaban hasta el día "D", los diferentes tonos de cutis se desvanecerían otro poco.

*

Y llegó el Gran Día y el momento de enfundar el atuendo.

Le había comentado mi temor de no poder entrar en mi vestido. Mis padres me lo habían traído en sus maletas y entonces durante semanas, desde la boda civil en Francia, no había podido volver a probármelo. En realidad una preocupación inútil. Me lo volví a poner sin dificultades, es más estaba ligeramente grande. Entonces utilizamos la cabeza, lo arreglamos con alfileres, y ni visto ni oído.

Después de eso, atravesé la calle para ir al salón. Llevaba una camisa fácil de desabrochar para no estropear el peinado. Este iba a ser un poco más sofisticado que en Francia: unos caireles levantados, trenzados y sembrados de margaritas.

Javier, el estilista, se encargó también del maquillaje, simple y eficaz. Me hizo algo muy bonito con tonos lila suave para los ojos y rosado para los labios. Después suavicé un poco el rojo de los labios que encontraba demasiado acentuado. Con dedos de mago cubrió con un polvo mi piel para unificar los tonos de la quemada y los de mi tez. ¡Todo un éxito!

Último toque: Javier acomodó el velo, muy voluptuoso, compuesto por tres lienzos de tela, terminado por una orla de seda ondulando. Es Marilú, mi suegra, quién me lo había regalado.

*

Mamá pasó también por las manos de Javier para estar de pipa y guante en ese bello día. Mientras Liz y Benito eran los padrinos de flores, trajeron las flores para adornar nuestro coche; también se encargaron de mi ramo y de los floreros de la iglesia camino al altar. Todo estuvo perfecto, hasta los tulipanes blancos con los que había soñado. En Francia no había podido tener tulipanes porque la temporada había terminado. Por fin en esta ocasión sí los tuve mezclados con florecitas moradas.

*

Ya por fin, estamos listos. Arturo lleva el mismo traje que en Francia salvo su corbata que para este gran día es gris. Unos días antes fuimos a buscarla: es un gris muy luminoso realzado con unas rayas grises más o menos sostenidas.

Estamos en el coche recién decorado con flores. Liz maneja, Marilú sentada al lado y tomamos la dirección del centro universitario de la UNAM donde Arturo hizo sus estudios y por eso queremos sacar fotos en CU.

El fotógrafo José, llamado Jos, nos espera, con su hermano, listos para sacar tomas sin dejar resquicio. Unos estudiantes sentados en el pasto nos dan la bienvenida y también unas niñitas corren para darme un beso. Es que para ellos una novia representa algo mágico.

La función se desarrolla sin estrés, al contrario, en un ambiente relajado. También ahí un camarógrafo nos filma. ¡Cuánta gente sólo para nosotros!

Ya que íbamos adelantados en el programa, las hermanas de Arturo van al salón donde tendrá lugar la fiesta para asegurarse que todo va por buen camino. Después damos vueltas en el barrio para dar tiempo a los invitados de tomar su lugar en la iglesia. Sepan que todavía no la conozco. ¡Sorpresa!

¡Viva la tecnología! Gracias al celular nos avisan que llegaron los invitados y que ya era hora de presentarse. Desde muy lejos se puede admirar el santuario que con su tamaño monumental domina el área. Es impresionante. Parece más un museo que una iglesia, inspirada por el arquitecto Le Corbusier. Se parece a un navío, un buque futurista.

*

Mis padres, los de Arturo y nuestra cuadrilla de fotógrafos y camarógrafo nos están esperando. Sólo nos queda subir unas escaleras bastante empinadas. Me concentro para poder subirlas lo mejor posible con mis tacones altos.

Tomamos todos nuestros lugares. Mi papá y yo cerramos el cortejo. Hay que saber que los padrinos y las madrinas de los novios, los que participaron en la ceremonia regalando la Biblia, las argollas o las flores van delante de la novia. Es una manera de agradecerles su cooperación y su participación en los festejos.

Se oye la música. Todos los invitados se levantan y nos acompañan con su mirada mientras caminamos hasta el altar. El

145

padre, muy joven, unos treinta años, se ve reservado. El interior de la iglesia también es muy original; es una inmensa bóveda con una estructura metálica, un estilo muy sorprendente para una iglesia.

*

Empieza la ceremonia. Rafael y Homero van a leer los textos sagrados escogidos para nosotros.

Nos quedamos arrodillados durante gran parte del oficio. Me habían avisado que nos podíamos levantar si teníamos calambres. A un momento dado Arturo me pregunta cómo me siento, si no es demasiado doloroso. Honestamente me sentía bien. Supe después que él quería desentumirse. Su pregunta era una cuestión disfrazada que no capté... lo siento querido.

En seguida, fue el acto del lazo. Una tradición que no existe en Francia. Los padres o los suegros colocan alrededor de los hombros de los novios, el lazo, hecho de diversos materiales, un cordón con cuentas o de seda que simboliza la unión. Es un objeto cargado de simbolismo: los novios están enlazados; ya son uno. Los padres de Arturo eran los padrinos de lazo.

Después del lazo, otro tiempo fuerte: la entrega de las arras. Otra costumbre que no conocemos. Se trata de un muy pequeño cofre de oro con trece monedas de oro que le da el novio a la novia. Otro símbolo que significa que en el hogar no faltará el dinero. Esta vez la madrina era Marilú, la hermana de Arturo. Pone frente al sacerdote el pequeño cofre, la Biblia y nuestros rosarios para que los bendiga.

Llegó el momento de la intervención de mis padres. Tenían que entregarnos un pequeño cojín donde estaban nuestras argollas. Suplieron a mis abuelos que eran los padrinos de argollas pero que no pudieron viajar hasta México. En ese momento intercambiamos nuestros votos y nuestras argollas.

Antes de salir, coloqué un ramo de flores, al pie de un cuadro de la Virgen de Guadalupe para agradecerle nuestra unión y pedirle que nos conceda felicidad.

Luego beso al novio y fuimos los primeros en salir. En Francia es todo lo contrario: los novios son los últimos en salir, ellos cierran el cortejo. Poco a poco los invitados se acercaron, nos felicitaron y nos abrazaron. Otras fotos, las últimas y nos fuimos hacia los coches para dirigirnos hacia el lugar donde festejaríamos nuestra unión religiosa, un salón a unos cinco minutos de la iglesia.

*

Llegamos los últimos y los invitados nos reciben con aplausos. En medio del salón una mesa adornada con un hermosísimo ramo de flores sólo para nosotros dos, enamorados. Así estamos frente a la pista de baile. Las mesas redondas están recubiertas con tela color oro y café; igual que las sillas con un bello moño color castaña confitada.

Recorremos todas las mesas para dar la bienvenida a los amigos. No conozco todavía a la mayoría de ellos y Arturo me los presenta. La fiesta empieza con un brindis que conduce Toño el

147

maestro de ceremonia, colega y amigo de Arturo. Todos levantan y chocan su copa en nuestro honor.

Durante la velada, varios grupos alegraron la fiesta y una presentadora animó a los más tímidos. Se suceden ritmos latinos, salsa y merengue así como los deliciosos platillos ricos en colores y sabores.

*

Abrimos el baile y después Arturo baila con su suegra, yo con mi suegro y luego todos juntos con ritmos animados. Un momento sorprendente que voy a tratar de describirles, fue cuando nos subimos Arturo y yo en unas sillas frente a frente a unos metros de distancia. Un grupo de hombres rodea las dos sillas y la música vuelve a tocar. Las mujeres empiezan el juego. Se ponen en fila y serpentean entre las dos sillas ¡la famosa víbora de la mar! El fin es tumbar las sillas o por lo menos hacerlas temblar.

Los cinco hombres alrededor de las sillas nos protegen de los empujones de las mujeres y nos impiden caer. La fila india de las mujeres se portó bien, sin exceso comparado a lo que nos esperaba.

Llegó el turno de los hombres. Se acabó la calma, la delicadeza sobre todo alrededor de la silla del novio quien finalmente cayó bajo los aplausos de la concurrencia.

*

El momento más esperado por las muchachas seguro es cuando la novia lanza su ramo y la soltera que lo agarra, ¡seguro se casará pronto! Entonces todas las señoritas quieren estar en primera fila listas e impacientes para recibir la ofrenda.

El ramo rebotó en el techo, Norma, tal un portero de fútbol, se lanzó sobre el ramo. Y como hay que darles gusto también a los muchachos, el mismo rito se repite pero en vez del ramo se lanza la liga de la novia.

Arturo se encargó de deslizar la liga que está ubicada en la pierna de la novia y sacarla para después subir a la silla. Pero antes de subir para lanzar tan preciado tesoro, la muy juguetona animadora pidió a la asistencia masculina "mover el bote" para juzgar su habilidad. El novio tuvo que entrar al juego antes de lanzar la liga.

Fue Gabriel, un primo de Arturo, quien, rápido y ágil, salió vencedor.

*

Entre dos bailes, nos sentábamos para saborear los platillos y el buen vino. Algo que me gustó mucho fue el de los globos. Unos globos largos, multicolores que tenía cada comensal y siguiendo su inspiración componía su propia coreografía generando así unos efectos visuales muy futuristas.

Y al fin llegó el pastel que tanto esperaban los golosos. Lo cortamos juntos, Arturo y yo, claro, solamente la primer rebanada. Lo demás era trabajo del pastelero.

*

Para cerrar esa noche con broche de oro, había una sorpresa para el papá de Arturo que festejaba ese día su cumpleaños. Un grupo de mariachis entró al son de una bella melodía y todos en coro cantamos "Las Mañanitas" en su honor.

Tal homenaje lo conmovió mucho así como a todos. Luego los invitados se retiraron poco a poco para regresar a su casa, ¡algunos con más dificultades que otros!

En cuanto a nosotros nos dirigimos hacia una hermosa suite para cerrar con fuegos artificiales ese día y esa noche conmovidos, románticos, llenos de símbolos, sacramentos y promesas.

*

*

Desde que empezó nuestra unión tengo el sentimiento que Arturo y yo surgimos de una misma piedra que se rompió y cuyos fragmentos cayeron de un lado y del otro del océano. Suerte, azar, el destino volvió a unir esa piedra en un solo bloque fuerte.

Unión entre nuestros dos continentes, mitad tuyo, mitad mío, guión entre nosotros dos, de hoy en adelante seguimos nuestro camino contigo, Esteban, nuestro hijito. Acabamos de recibirte entre nosotros para seguir escribiendo nuestra hermosa historia los tres juntos.

*

AGRADECIMIENTOS

Aprovecho este libro para agradecer a todas las personas que participaron, de cerca o de lejos, en nuestra historia y en "nuestras bodas"; todas las personas mencionadas a lo largo de estas páginas ocupan un lugar muy importante en nuestra vida.

En primer lugar agradezco a mi familia, un agradecimiento muy especial a mi mamá que con su ojo avispado y sus consejos juiciosos hicieron de este libro lo que es.

*

Para cerrar este escrito, esta etapa de mi vida, beso muy fuerte a mis dos amores, mis dos hombres, Arturo y Esteban.

Me hacen muy feliz.

*